Reinhold Ebertin (Hrsg.)

Anatomische Entsprechungen der Tierkreisgrade

Reinhold Ebertin (Hrsg.)

Anatomische Entsprechungen der Tierkreisgrade

Nach einem hinterlassenen Manuskript von
Elsbeth Ebertin
neu bearbeitet, erweitert und ergänzt von
Reinhold Ebertin

Ebertin Verlag
Freiburg im Breisgau

Die Deutsche Bibliothek – CIP-Einheitsaufnahme

Ebertin, Reinhold:
Anatomische Entsprechungen der Tierkreisgrade : nach einem hinterlassenen Manuskript von Elsbeth Ebertin / Reinhold Ebertin (Hrsg.). Neu bearb., erw. und erg. von Reinhold Ebertin. – 4. Aufl. –
Freiburg im Breisgau : Ebertin, 1991
ISBN 3-87186-016-6
NE: Ebertin, Elsbeth [Begr.]

4. Auflage 1991
ISBN 3-87186-016-0

Druck und Bindung: Rombach GmbH, Druck- und Verlagshaus, Freiburg im Breisgau.
Printed in Germany.

Inhalt

KRANKHEITSDIAGNOSE UND KRANKHEITSBEHANDLUNG AUF KOSMISCHER GRUNDLAGE

Ebenso wie ursprünglich die Religion unserer Vorfahren auf der ganzen Erde kosmische Erkenntnisse zur Grundlage hatte, so ist auch seit den ältesten Zeiten die Heilwissenschaft verbunden gewesen mit den Lehren, die sich aus einer Beziehung zwischen Kosmos und Erde ergaben. Man ging dabei soweit, daß man den Menschen als ein Spiegelbild des Universums betrachtete und vom Menschen als dem Mikrokosmos im Makrokosmos sprach. Es würde zu weit führen, im Rahmen dieser Abhandlung von der kosmisch orientierten Heilkunde bei den Ägyptern, den Chaldäern, den Griechen, den Chinesen, den Azteken und anderen Völkern der ganzen Welt zu sprechen.

Beschränken wir uns darauf, daß der große Arzt an der Wende des Mittelalters zur Neuzeit, THEOPHRASTUS BOMBASTUS VON HOHENHEIM, genannt PARACELSUS, noch behauptete, kein Arzt könne einen Kranken behandeln, wenn er nicht die Gestirnkonstellationen berücksichtige. Mit dem Verfall der Astrologie in den späteren Jahrhunderten und der Spezialisierung der einzelnen Wissenschaften wurden die Beziehungen des Menschen zum Kosmos in der Heilkunst immer mehr vernachlässigt, bis um die letzte Jahrhundertwende die Astrologie eine Auferstehung erlebte. Der Kreis der geistigen Führer und Kritiker auf diesem Gebiet blieb leider sehr klein, während die Vermassung der verflachten Astrologie ihren ursprünglichen Sinn trübte und oft genug zum Unsinn wurde.

Es ist aber eigenartig, daß die geistigen Führer der neueren, wissenschaftlich orientierten Lehre der Beziehungen zwischen Mensch und Gestirn Ärzte sind. Es dürfte seinerzeit in der wissenschaftlichen Welt eine Überraschung bedeutet haben, als auf dem 2. Kongreß für experimentelle Psychologie, Ende März 1913 in Paris, der französische Arzt Dr. R. ALLENDY an Hand von zahlreichen instruktiven Beispielen erklärte, daß man unmöglich von dem Hilfsmittel der Astrologie absehen könne, denn sie gebe dem Arzt eine praktische Handhabe, und ihre Rolle in der Pathologie ist eine sehr wichtige.

Dr. ALLENDY bewies an Hand seiner Beispiele, wie durch das Studium der Nativität schwierige Diagnosen richtig gewonnen würden, die auf dem Wege der gewöhnlichen klinischen Krankheitsbefunde unbefriedigend oder gar falsch ausgefallen waren. Er faßte am Schluß seiner Ausführungen zusammen:

"Meine Untersuchungen zeigen, welchen Nutzen der Arzt aus dem Studium der medizinischen Astrologie ziehen kann. Abgesehen von dem allgemeinen Interesse, das die Erkenntnis des kosmischen Determinismus bietet, könnte man diese Kunst zur Diagnostik der Krankheiten anwenden; wir sollten keinen Faktor versäumen, der uns darin unterstützt, unseren Mitmenschen zu helfen."

Ähnlich äußerte sich Dr. med. KARL HAGENBUCHNER von der Universitätsnervenklinik in Innsbruck auf der 8. "Arbeitstagung für kosmobiologische Forschung" in Aalen 1956:

"Wir haben schon einmal angedeutet, daß es Bereiche in der ärztlichen Tätigkeit gibt, bei denen die kosmobiologische Mithilfe eben auch nur die gleichen Resultate liefern kann oder wo sogar rein medizinisch Erkennbares nicht erreicht werden kann. - Daneben gibt es aber Fragen, die uns noch in derart geheimnisvoller Undurchsichtigkeit gegenüberstehen, daß sich uns gebieterisch das Gefühl aufdrängt, sie mit unseren Mitteln noch lange nicht lösen zu können. Hier, wo wir am Rande unseres Wissens stehen, und zwar bei Fragen, deren Antwort uns dringend interessiert, ist uns jeder recht, der, uns bereichernd, seine Erfahrungen beisteuert. Hier ergeben sich Möglichkeiten echter Zusammenarbeit ..."

Viele Ärzte haben sich mit dem astromedizinischen Gebiet beschäftigt. An bekannten Autoren seien genannt: Dr. med. FRIEDRICH FEERHOW, Dr. med. HEINRICH DÄATH, Dr. med. GUSTAV SCHWAB, Dr. med. Freiherr von KLÖCKLER, Dr. med. GEORG LOMER, Dr. med. HEINRICH REICH, Dr. med. MÖBIUS.

In diesem Zusammenhang sei erwähnt, daß keiner dieser Ärzte einen absoluten Determinismus vertritt, der ein unabänderliches Schicksal anerkennt, sondern in den kosmischen Faktoren nur D i s p o s i t i o n e n erblickt, die uns die Möglichkeit geben, durch bestimmte Vorsichtsmaßregeln einen großen Teil der Krankheitsübel abzuwenden.

In unserer modernen Kosmobiologie, die eine enge Zusammenarbeit mit den heutigen wissenschaftlichen Erkenntnissen anstrebt und das überlieferte astrologische Wissensgut einer scharfen Kritik unterzieht, beschränkt man sich auf die Faktoren, die allgemein als gesichert anzusehen sind, also den Tierkreis als Meßkreis, die 12 Tierkreiszeichen, die Positionen der Gestirne, ihre Winkelverbindungen, die jeweiligen Entfernungswerte (Erdnähe und Erdferne). Was dagegen in den verschiedenen Jahrhunderten Zeitströmungen, Weltanschauungen, wissenschaftliche und scheinwissenschaftliche Richtungen, Außenseiter und Besserwisser in dieses Gebiet hineingetragen haben, muß ausgeschaltet werden.

Dabei ist es notwendig, mit geringen Mitteln und einfachsten Methoden zu arbeiten, wenn man bestimmte Hinweise aus der Geburtskonstellation erhalten will, und zwar nicht nur einer rationellen Arbeitsweise zuliebe, sondern um auch Reihenuntersuchungen und Vergleiche vornehmen zu können. Mag die alte Astrologie als Sterndeutekunst betrachtet worden sein, die Kosmobiologie will nicht im Sinne der traditionellen Astrologie deuten, sondern mit modernen wissenschaftlichen Methoden Gesetzmäßigkeiten aufsuchen und ergründen, sie nimmt dadurch einen naturwissenschaftlichen Charakter an, wird aber im geisteswissenschaftlichen Bereich bleiben müssen, da sie außer den gesicherten Grundlagen auf die Hilfe der Intuition ihrer Vertreter nicht verzichten darf.

Eine kosmisch fundierte Krankheitsdiagnose wird niemals allein auf den kosmischen Faktoren beruhen können, sondern sie kann nur Hilfe und Ergänzung sein und den Arzt zu den Ursachen von Krankheiten mit hinführen. Greifen wir einmal ein einfaches Beispiel heraus. Ein Patient klagt über Schwindel, Herzstörungen, Hautunreinheiten. Das sind Symptome, die bei verschiedenen Leiden auftreten können. Beim Nachschlagen der Gestirnkonstellationen für den Geburtstag des Patienten sieht der Arzt den Saturn in den ersten Graden des Zeichens Waage in bestimmten Winkelverbindungen zu Neptun und Sonne. Die Saturnstellung in der Waage weist hin auf die Nierenregion.

Der astromedizinisch geschulte Arzt wird nun unbedingt eine Harnuntersuchung vornehmen, um gegebenenfalls eine Erkrankung der Niere feststellen zu können, wodurch die Symptome des Patienten zu erklären wären.

Die Diagnose aus dem Kosmogramm eines Nichtmediziners kann nur dann verantwortet werden, wenn sie durch den Arzt bestätigt wird. Es muß sogar als Leichtsinn und Unfug bezeichnet werden, wenn jemand nur auf Grund der Gestirnkonstellationen eine Krankheitsdiagnose stellen wollte. Denn der kosmische Faktor kann ebenso nur zu einem Teil zur richtigen Diagnose beitragen, wie schließlich auch der Arzt verschiedene Untersuchungsmethoden anwendet, um zu einem klaren Ergebnis zu kommen.

Wenn sich ein Laie mit den kosmischen Krankheitsentsprechungen beschäftigt, sollte er keineswegs von seinen eigenen Feststellungen überzeugt sein, bevor er nicht auch durch einen Arzt dessen Bestätigung erhalten hat.

Das vorliegende Buch beschäftigt sich mit den "Anatomischen Entsprechungen der Tierkreisgrade". Wer mit diesen Entsprechungen arbeitet, wird oftmals ganz verblüffende Übereinstimmungen mit dem Zustand eines Patienten feststellen, er wird aber zuweilen auch sehr enttäuscht sein. Es muß daher gleich am Anfang gesagt werden, daß innerhalb der Astromedizin diese Gradentsprechungen nur ein Weg von mehreren zur Krankheitserkennung sind. Diese Gradentsprechungen müssen daher immer mit dem vollständigen Geburtsbild im Zusammenhang gesehen werden. Man kann nicht sagen, daß Saturn in 4° Waage unbedingt einem Nierenleiden entsprechen müsse, denn diese Saturnstellung haben sehr viele Menschen im Geburtsbild, ohne nierenkrank zu sein. Es kommt vielmehr darauf an, ob dieser Saturn in 4° Waage in Verbindung mit anderen Faktoren zusammen einen "individuellen Charakter" hat. Aus diesem Grunde wurden neben den vielen Einzelbestätigungen mehrere Beispiele ausführlich behandelt, um immer wieder die Zusammenhänge mit dem ganzen Kosmogramm zeigen zu können.

Es wird oftmals vorkommen, daß in der Jugend oder auch noch in den mittleren Jahren sich keinerlei Bestätigungen für die kosmischen Entsprechungen zeigen. Es ist aber durchaus möglich, daß im vorgeschrittenen Alter sich noch eines der angedeuteten Leiden einstellt.

Ergeben sich mehrere Hinweise auf Erkrankung bestimmter Organe, finden sich bei den Voreltern ähnliche Krankheiten und sind vielleicht noch weitere Anzeichen vorhanden, so sollte niemand versäumen, einer Krankheit vorzubeugen, sie bereits zu behandeln, bevor sie überhaupt sichtbar geworden ist. Der erfahrene Arzt erkennt oft schon am äußeren Typ eines Menschen, ob er mehr zu diesen oder jenen Krankheiten neigt. In diesem Falle kann der Arzt bereits im Vorstadium eine entsprechende Diät oder Lebensweise verordnen, die einer Erkrankung entgegenwirkt. Das ist der eigentliche Sinn der astromedizinischen Diagnose, sie soll vorbeugen helfen.

ARBEITSGRUNDLAGEN

Das genaue Geburtsdatum (Tag, Ort, Stunde) muß dem Berater bzw. dem Leser bekannt sein, will er ein genaues Geburtsbild aufstellen und auf die anatomischen Entsprechungen hin untersuchen. Der Arzt kommt bei der astro-medizinischen Beratung notfalls ohne die Geburtsstunde aus, da er außer der Krankengeschichte (Anamnese) auch andere diagnostische Methoden anwenden kann. Wichtiger ist für ihn zu wissen, wann sich das Leiden eines Patienten bessern oder auch verschlechtern kann. Dazu kann er die sogenannten Transite und Direktionen berechnen.

Für jede verantwortungsvolle Untersuchung ist die Kenntnis der Krankengeschichte notwendig. "Schnelldiagnosen" zur Verblüffung und zum Staunen des Patienten sind abzulehnen.

Die Stellung eines Gestirns in den einzelnen Tierkreisgraden wird innerhalb dieser Abhandlung besonders untersucht. Jedoch wird es sich zeigen, daß diese Arbeitsweise allein nicht ausreichend ist.

Ein besonderes Augenmerk müssen wir richten auf die Konjunktionen von zwei oder mehr Gestirnen innerhalb weniger Tierkreisgrade, wie auch den Aspektverbindungen dieser "Komplexe" innerhalb des individuellen Geburtsbildes.

Eine vorzügliche Hilfe erhält der Untersucher durch den 90°-Kreis, wodurch die Aspekte und Halbsummen in konzentrierter Form erfaßt und zu "Strukturelementen" und "Strukturbildern" verdichtet werden.

Von Anfang an gewöhne man sich daran, alle Positionen auf ein Formular mit dem 90°-Kreis zu übertragen. Das bedeutet nicht, daß nur der 90°-Kreis benutzt werden sollte. Vielmehr geht es darum, 360°-Kreis und 90°-Kreis gemeinsam zu überblicken.

Was versteht man unter dem 90°-Kreis?

Man denke sich den ganzen Tierkreis geviertteilt, d.h. Schnitte durch die "Kardinalpunkte" 0° Widder, Krebs, Waage, Steinbock gelegt. Diese Teile von je 3 Zeichen mit 90° zusammen denkt man sich jeweils als Kreise von je 90° und diese dann übereinander gelegt. Dann entsprechen

0 - 30° = Widder, Krebs, Waage, Steinbock,
30 - 60° = Stier, Löwe, Skorpion, Wassermann,
60 - 90° = Zwillinge, Jungfrau, Schütze, Fische.

Steht also ein Gestirn in 10° Widder oder Krebs oder Waage oder Steinbock, so wird es eben in 10° eingetragen. Steht ein Gestirn in 16° Stier oder Löwe oder Skorpion oder Wassermann, so wird es in 46° eingetragen.

Im 90°-Kreis fallen jeweils alle Konjunktionen, Quadrate, Oppositionen der Gestirne aufeinander, während Halb- und Anderthalbquadrate sich genau gegenüberliegen. Für die Beurteilung macht dies nichts aus, weil jeweils der gesamte "kosmische Zustand" eines Gestirns einbezogen werden muß. Unter dem

kosmischen Zustand

eines Faktors versteht man seine vielseitigen Beziehungen innerhalb des Tierkreises, zunächst im Zeichen selbst, in seinen Aspekten zu anderen Gestirnen und in seinen Halbsummen. Im ersten ausgeführten Beispiel werden weitere Anleitungen hierzu gegeben werden. Stellt man jeweils den kosmischen Zustand aller Faktoren übersichtlich zusammen, so bekommt man das

Strukturbild,

das auch die Möglichkeit bietet, einen Vergleich mit anderen Strukturbildern durchzuführen, z.B. von Angehörigen verschiedener Berufe, Personen mit gleichen künstlerischen Anlagen oder auch mit gleichen oder ähnlichen Krankheitsdispositionen. Die einzelnen Teile eines Strukturbildes, das der Ganzheit eines Menschen entspricht, bezeichnet man als

Strukturelement,

das gleichzeitig dem kosmischen Zustand eines Faktors entspricht. Die Zusammenfassung des kosmischen Zustandes, soweit damit die Gruppierung der einzelnen Faktoren um eine Achse zu verstehen ist, wird auch Planetenbild genannt.

Da angenommen werden darf, daß die meisten Leser dieser Ausführungen mit der kosmobiologischen Arbeitsweise vertraut sind, kann an dieser Stelle auf weitere Einzelheiten verzichtet werden, um mehr Raum für die Besprechung der einzelnen Beispiele zu haben.

BEISPIELE FÜR
ANATOMISCHE ENTSPRECHUNGEN DER TIERKREISGRADE

Die folgenden Beispiele sind eine Zusammenstellung aus den Erfahrungen von ELSBETH EBERTIN, zahlreichen Lesern der Zeitschrift "Kosmobiologie" und dem Herausgeber REINHOLD EBERTIN, der verschiedene Fälle ausführlicher durcharbeitete und durch eine Reihe von Beispielen aus der Fachliteratur ergänzte. Dazu darf bemerkt werden, daß die meisten Bücher über Astromedizin wohl sehr viel Krankheitsentsprechungen, aber verhältnismäßig wenig Beispiele bringen. Die vorliegende Arbeit dürfte daher mit dem sehr zahlreichen Beispielmaterial eine Ausnahme bilden.

Die einzelnen Beispiele und Hinweise sind alle numeriert. Die gleichen Zahlen finden sich in der Übersicht der Grade und Entsprechungen wieder, so daß es dem Leser möglich ist, beim Nachschlagen der Entsprechungen auch die betreffenden Beispiele einzusehen.

Bevor die Tabelle der Anatomischen Entsprechungen der Tierkreisgrade benutzt wird, sei dringend empfohlen, einige der gründlicher durchgeführten Beispiele durchzuarbeiten, damit keine Fehlschlüsse gezogen werden.

Aus Gründen der Diskretion sind bei den meisten Beispielen nur die Anfangsbuchstaben der Namen der Einsender angegeben, denen aber an dieser Stelle für ihre eifrige Mitarbeit ganz besonders gedankt sei. Die mit (E. E.) gekennzeichneten Beispiele stammen von ELSBETH EBERTIN. Wo Hinweise auf einzelne Autoren gegeben sind, beachte man das Literaturverzeichnis.

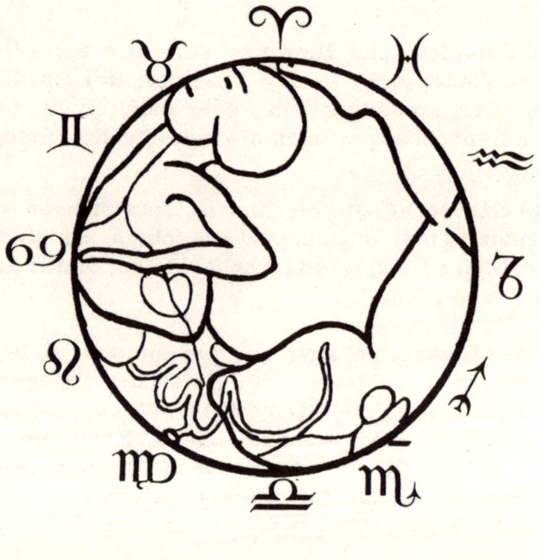

Abb. 1

Die anatomischen Entsprechungen der Tierkreiszeichen, wie sie Alf Eggers in obenstehender Zeichnung illustriert hat, können nur als allgemeine Grundlage angesehen werden.

DAS ZEICHEN WIDDER

1) Die Grade 1 - 5 entsprechen vornehmlich Kopfschmerzen, Kopfgrippe, fieberhafter Erregung, Gehirnhautentzündung, aber auch Erkältungskrankheiten und Augenentzündungen. Bei Saturn-Verbindungen ist besonders Zugluft schädlich. (E. E.)

2) Gehen kritische Gestirne über 12° Widder, z. B. Mars oder Merkur, so können auch reizbare Kost oder bei bestimmten Krankheiten Entzündungen und Bläschen auf der Zunge entstehen, auch Brennen der Zungenspitze, was meist ein Symptom der Erkrankung innerer Organe ist oder auf die Möglichkeit von Diätfehlern hinweist. (E. E.)

3) Männl. Geb., 22. 2. 1932, 18. 30 Uhr, Hannover. Laut Mitteilung von E.K. BARBIS am 20. 10. 1941 an Kinderlähmung(Poliomyelitis) erkrankt. Die Krankheit wurde sofort erkannt und behandelt, so daß der Junge bis auf eine leichte Lähmung der Hände wieder gesundete.

Betrachten wir das Radixbild: Uranus steht fast 17° Widder, welcher Grad nach den "Anatomischen Entsprechungen" den Rückenmarkskanal betrifft. Bekanntlich erstreckt sich die Kinderlähmung namentlich auf das Rückenmark wie auch andere Nervenzentren. Der Uranus, der gleichzeitig "Signifikator" des Nervensystems ist, befindet sich im Halbquadrat zur Sonne, die allgemein für die Gesundheit des Menschen maßgebend ist. Die Sonne steht im Quadrat zur Halbsumme Mars/Neptun, was nach der "KdG" bedeutet: Schwacher Körper, schwache Lebenskraft. Der Uranus im Halbquadrat dazu deutet auf plötzliche Schwächezustände, Lebenskrisen, zusammenfallend mit Uranus/Pluto: An den Körper hohe Anforderungen stellen, Nervenüberreizung. Um anzudeuten, daß der Geborenc selbst davon betroffen wird, steht auch MC in diesen Halbsummen.

Bei einem Sonnenbogen von 8°42' erreicht Mars s die Opposition zum Neptun (Mars 28°07' + 8°42' = 6°49' = Neptun in 6°45'), eine typische Krankheits- bzw. Schwächekonstellation. Neptun r steht im Quadrat zu Sonne/Mond und kennzeichnet die seelische Bedrükkung, die nicht nur das Kind, sondern schließlich auch die Eltern betrifft.

Abb. 2 zu Beispiel Nr. 3
Männliche Geburt am 22.2.1932 um 18 h in Hannover
Krankheit: **Kinderlähmung**

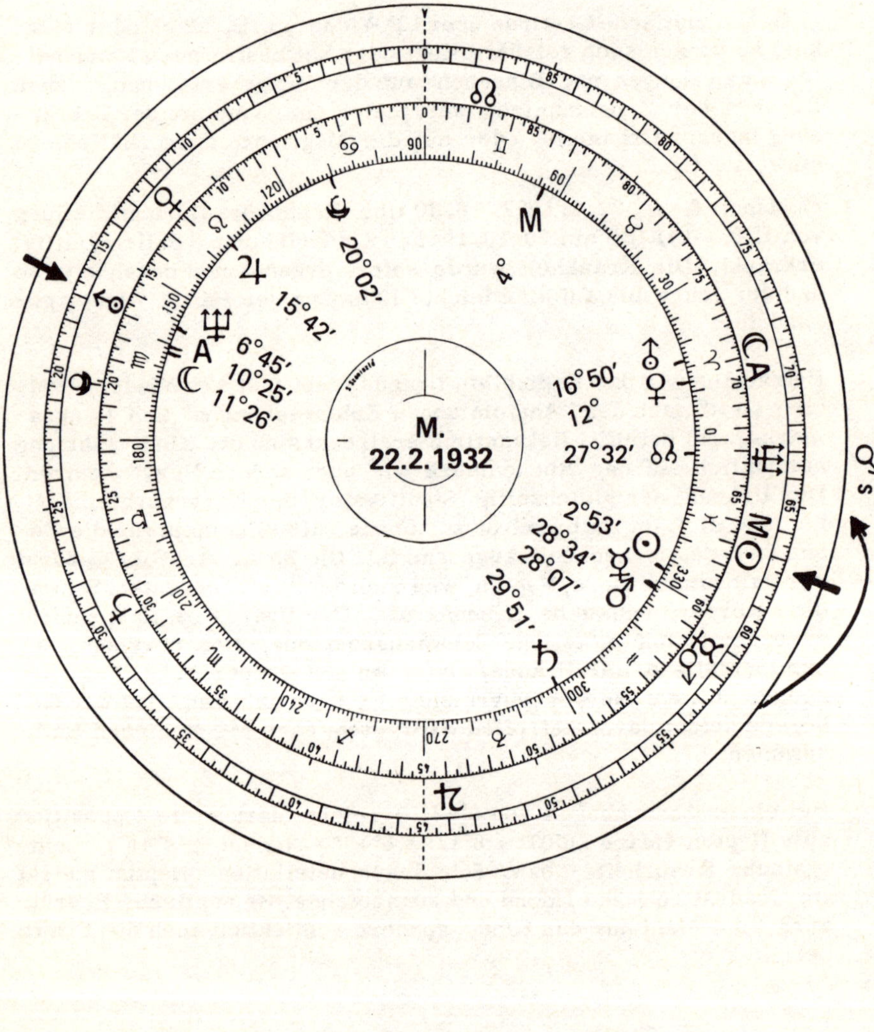

Kennwort: **Kinderlähmung**

Kosmisches Strukturbild

für: Männliche Geburt
Datum: 22.2.1932
Uhrzeit: 18.30 Uhr
Geburtsort: Hannover

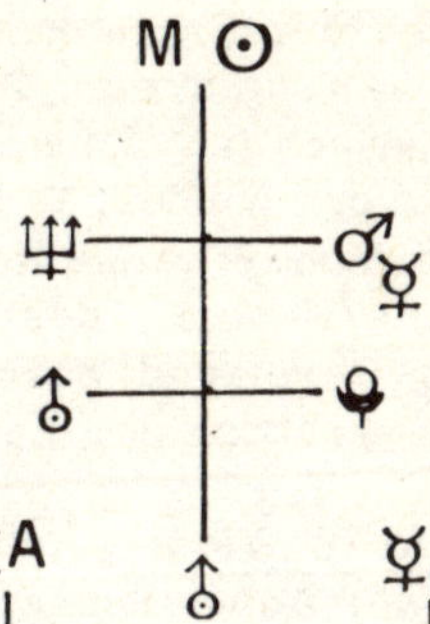

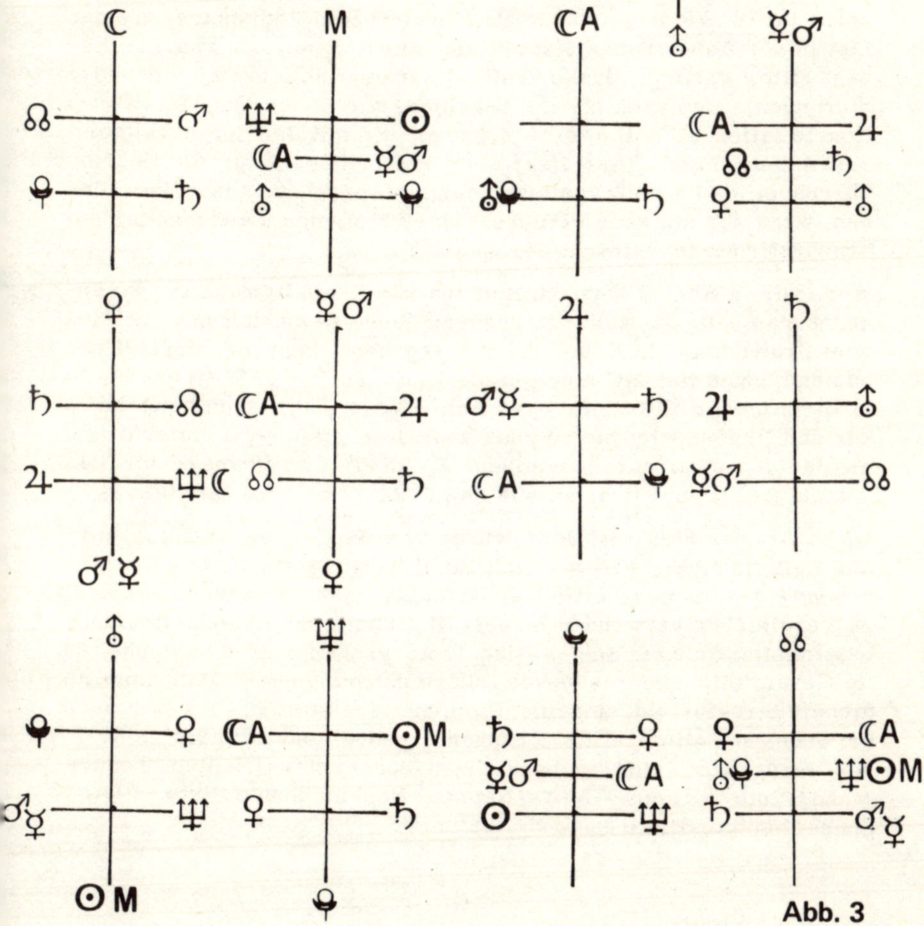

Abb. 3

Am Tage der Erkrankung ist Neumond, d.h. die Sonne und Mond stehen in Konjunktion, 26° Waage, was für Schwächeanfälle charakteristisch ist. Dieser Neumond steht im Halbquadrat zu Mond und AS r des Kindes. Der Neptun lfd steht in der Achse Sonne/Uranus und Mond/Uranus mundan (Energielosigkeit), zusammenfallend mit Pluto/Neptun r des Kindes (eigenartiger seelischer Zustand, Selbstquälerei) und Mars/Saturn (Kraftlosigkeit, erlahmende Kräfte, Untergrabung der Lebenskraft durch Gift, Gas oder Seuche).

Mars lfd 14° Widder steht im Halbquadrat zum Radixmars, mundan fast in der Achse Sonne/Neptun und Mond/Neptun (schwacher Lebenswille, geringe Muskelkraft, Überempfindlichkeit, nervöse Störungen). Man kann hierbei beachten, wie in der Mundan-(Welt-) Konstellation sich Hinweise ergeben, die mit dem Krankheitsbild zusammenhängen. Hier liegt aber ein Schlüssel für die Deutung überhaupt, daß sich Transite nur dann entsprechend auswirken können, wenn der laufende Planet in seiner Stellung zu anderen laufenden Gestirnen in Betracht gezogen wird.

Wenn wir in Abb. 2 vornehmlich den 90°-Kreis betrachten, so erkennt man sehr deutlich die verschiedenen Beziehungen, die sich vom Uranus aus im Kosmogramm ergeben. Legt man durch Uranus und Sonne mit MC eine gerade Linie durch den Mittelpunkt, so sind von dieser Mittellinie bzw. Achse Mars und Neptun bzw. Merkur und Neptun wie auch Venus und Pluto gleichweit entfernt. Es ergibt sich dann der "kosmische Zustand" des Uranus oder das "Strukturelement" Uranus, wie es in Abb. 3 zu erkennen ist.

Diese Art der Strukturbilder wurde vom Verfasser erst vor kurzer Zeit entwickelt. Es hat sich dabei herausgestellt, daß sie sich besonders zum ganzheitlichen Erfassen eines Menschen wie auch zu Vergleichen verwenden lassen. Bei ähnlichen Krankheiten oder bestimmten Anlagen zeigen sich trotz großer Verschiedenheiten im Gesamtbild überraschende Übereinstimmungen. Man kann an diesem Strukturbild einzelne Elemente feststellen, die sich auch bei anderen Poliomyelitis-Kranken ergeben, und zwar bis zu 80 %. Als maßgebend sind zu bezeichnen Sonne=Mars/Neptun, Sonne=Mond/Pluto, Uranus = Mars/Neptun, Neptun=Sonne/Pluto, Pluto=Sonne/Neptun, Pluto = Mond/Neptun.

Ähnliche Konstellationen bei Poliomyelitiskranken

I 29.5.1920	II 25.7.1935 17 h 30 m Friedeberg NM	III 21.1.1908 10 h 45 m 14° O / 47°47' N

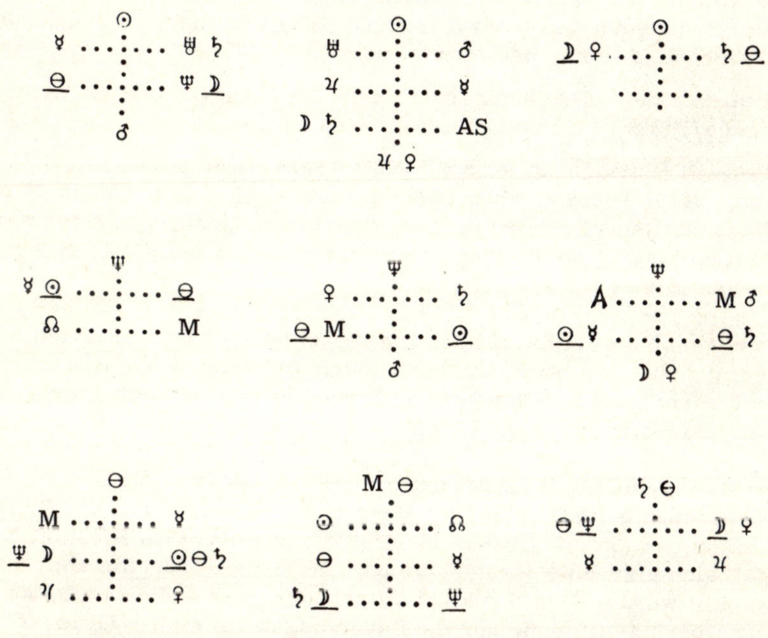

Abb. 4

Daraus werden wir den Schluß ziehen können, daß keineswegs die Entsprechung des Uranus in ca. 17° Widder allein krankheitsbezüglich ist, sondern mindestens in gleicher Weise die Stellung des Uranus zu den anderen Gestirnen.

Um die Bedeutung der Strukturbilder für Vergleichszwecke zu erläutern, mögen hier die Strukturelemente aus einigen Beispielen herausgegriffen werden, wobei wir uns nur auf die Planetenbilder von Sonne, Neptun und Pluto beschränken.

Die übereinstimmenden Elemente sind jeweils besonders hervorgehoben. Man beachte die in verschiedenen Formen auftretenden Verbindungen von Sonne-Neptun-Pluto. Bei der Sonne tritt diese Verbindung nur bei I hervor. Bei I und III befindet sich außerdem die Sonne in der Achse Mond/Pluto (Seite 17).

Bei den Neptun-Achsen findet man bei allen Beispielen Neptun = Sonne/Pluto.

Bei den Plutoachsen ist bei I Pluto = Sonne/Neptun und Saturn/Neptun, bei II Pluto = Saturn/Neptun und bei III Pluto = Mond/Neptun festzustellen. Es wird sich nun bei einem größeren Material erkennen lassen, ob die gleichen Konstellationen bei gleichen Krankheiten immer wieder auftreten.

Stellt man die Strukturbilder von verschiedenen Generationen einer Familie her, so kann man beobachten, in welcher Weise sich verschiedene Strukturelemente und dementsprechend auch Eigenschaften und Krankheiten vererben.

4) Bei einem am 4.1.1933 um 0.30 Uhr in 48°46' n. Br., 9°10' ö. L. Geborenen befindet sich der Mond in 16°58', also rund 17° Widder, in Konjunktion mit Uranus in 19°28' Widder. Wie im Beispiel 3 ergab sich hier eine Kinderlähmung im Jahre 1952, die aber völlig geheilt wurde. Das Strukturbild ist hier ganz andersartig, so daß als Übereinstimmung nur die Besetzung des gleichen Grades durch verschiedene Gestirne bestehen bleibt.

5) Nach eigener Berechnung steht mein Saturn in 19°50' R neben MC in 24° Widder. Ich kann eine ganz außerordentliche Empfindlichkeit meines ganzen Kopfes gegen Zugluft bestätigen. Vor allem wird das Stirnhöhlengebiet mit den inneren Augenwinkeln in Mitleidenschaft gezogen. (Dipl. Ing. E. F. in B.)

6) Bei 23° kann bei "schlechter" Bestrahlung Zahnschmerz, Wurzelentzündung und Kinnbackenkrampf eintreten. (E. E.)

7) Weibliche Geburt am 20.4.1909 um 6.30 Uhr. Die Geborene hat sehr empfindliche Ohren und mehrfach unter Mittelohrentzündung gelitten. (Dr. A. R. in L.)

Bei diesem Beispiel (Abb. 5) ist sofort eine Häufung der Gestirne in den letzten Graden des Zeichens Widder zu erkennen, die sich auf den Bereich des Ohres beziehen. Es kommt hinzu, daß das MC zu dieser Häufung von Gestirnen ein Quadrat bildet und im 90°-Kreis sich die Häufung in 27-30° in der Mitte von Mars/Uranus befindet. Damit ist gleichzeitig auf die Möglichkeit von operativen Eingriffen hingewiesen. Als krankheitsbezüglich ist ferner der Uranus in der Mitte zwischen Saturn, Neptun und der bekannten Häufung anzusehen.

8) Wenn Mars, Saturn oder Pluto in "kritischen" Aspekten zu 30° Widder bzw. 0° Stier stehen, besteht Gefahr der Erkrankung der Gehörorgane und Neigung zu Mittelohrentzündung. (E. E.)

9) Weibl. Geburt am 28.2.1956 um 0 h 50 m in 48° n. Br., 13° ö. L. hatte bereits mit 9 Monaten eine Ohrenentzündung und mußte, kaum ein Jahr alt, am 7.2.1957 an beiden Ohren operiert werden.

In diesem Falle sind die letzten Grade des Zeichens Widder nicht besetzt. Aber der Uranus 28°49' Krebs bildet ein Quadrat und Neptun in 0°12' Skorpion eine Opposition zu den letzten Graden im Widder. Es ergibt sich nun die Frage:

> Gelten die anatomischen Entsprechungen nur für die einzelnen Tierkreisgrade oder gelten sie auch für die Winkelbeziehungen oder Aspekte zu den einzelnen Graden?

Wie Abb. 6 zeigt, bekommt das Quadrat von Uranus und Neptun dadurch eine höhere Bedeutung, daß diese beiden Gestirne im 90°-Kreis mit MC eine Achse bilden, in der sich auch die Halbsummen von Merkur/Venus, Mond/Pluto, Mars/Saturn befinden.

Die Achse wurde fast genau mit 9 Monaten ausgelöst durch Neptun s (0°57' Skorpion) im Halbquadrat zu MC, die Operation fand außerdem statt, als Neptun lfd im Halbquadrat zu MC stand.

Von Bedeutung ist vielleicht noch, daß der Saturn im Geburtsbild der Mutter des Kindes genau in Konjunktion mit dem Mond des Kin-

Abb. 5 zu Beispiel Nr. 7
Weibliche Geburt am 20.4.1909 um 6 h 30 m
Krankheit: **Mittelohrentzündung**

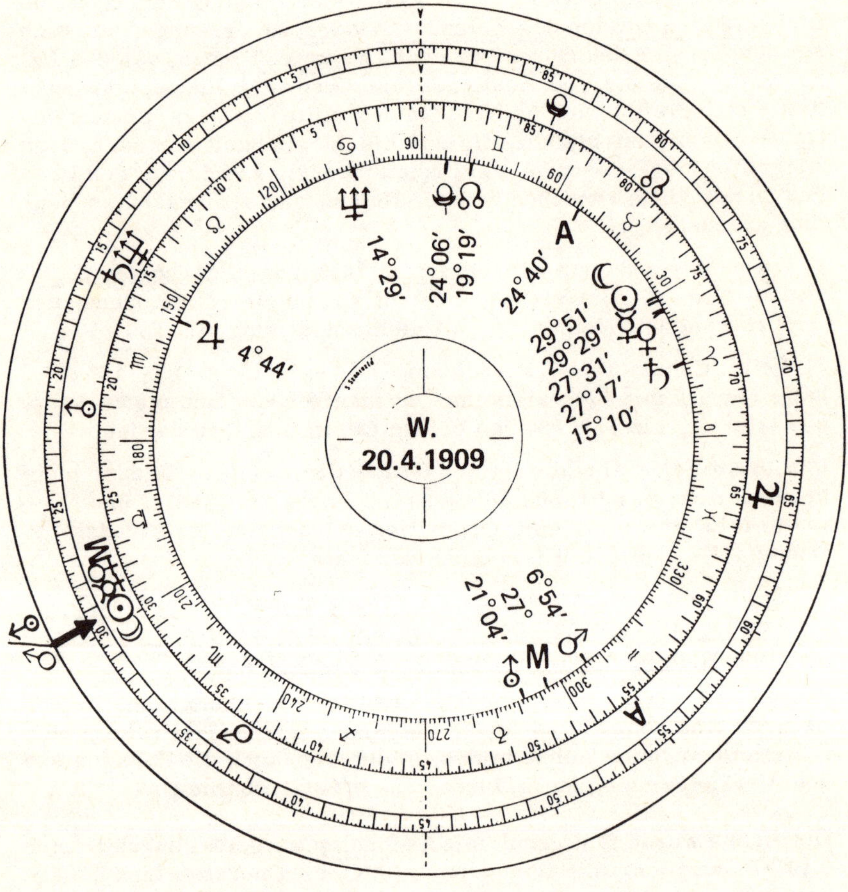

Abb. 6 zu Beispiel Nr. 9
Weibliche Geburt am 28.2.1956 um 0 h 50 m in 48° N/13° O
Krankheit: **Ohrenentzündung**

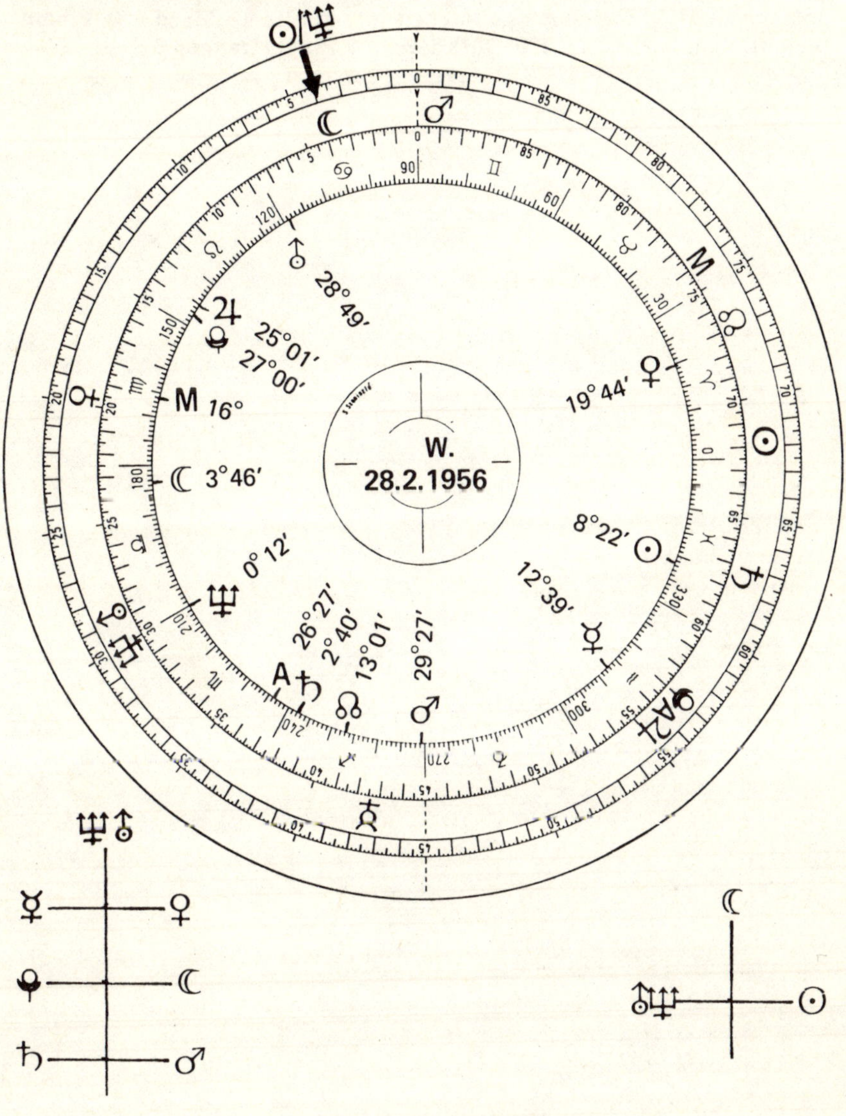

des steht. Der Mond ist aber als "krankheitsbezüglich" anzusehen, da er im 90°-Kreis in der Halbsumme Sonne/Neptun steht und somit auf eine geschwächte Konstitution hinweist, die auf eine Vererbung durch die Mutter zurückgeht. Da die Halbsumme Sonne/Neptun in 4°17' Steinbock zu suchen ist, erreichte Mond s in einem reichlichen halben Jahr (= 30') diese "Krankheitsachse".

10) 0° Stier beherrscht die Kehle, die durch Überanstrengung leicht rauh oder entzündet wird, wodurch Heiserkeit und Stimmbandreizung entstehen können. In einem Falle war eine Halsoperation nötig, als Uranus lfd über 0° Stier ging (E. E.)

11) Bei mir steht Saturn in 0° Stier (geb. 27. 1. 1911). Ich hatte unter Diphterie und Angina zu leiden. In der kalten Jahreszeit werde ich von einem chronischen Husten geplagt. Ich verschlucke mich oft sehr leicht. (Dr. A. R.)

12) Ich selbst (Elsbeth Ebertin) habe in 4° Stier den Merkur und war unter kritischen Aspekten mehrere Male in Erstickungsgefahr durch Gasvergiftung, aber auch durch schwere Kehlkopfentzündung, Angina, Diphterie usw. (Beim Tode von E. E. beim Luftangriff auf Freiburg lief der Mond durch diese Grade. Der Tod ist wahrscheinlich durch Ersticken im Brandqualm auf der Flucht durch den Kellerdurchbruch eingetreten.)

13) Als Uranus 1937 durch 6 - 7° Stier ging, hatten viele Menschen unter Halskrankheiten zu leiden. (E. E.)

14) Ein am 6. 5. 1941 geborenes Mädchen erkrankte im Alter von 3 Jahren an einer schweren Mandelentzündung und wurde blind. Merkur und vor allem Saturn stehen in 17° Stier (Schilddrüse und Mandeln).

15) Weibl. Geburt, 13. 4. 1934 um 12 h 15 m, 7°28' ö. L., 51° n. Br., ist an Thyreotoxikose (durch Schilddrüsengift erzeugte Krankheit) und an Herzstörungen erkrankt. Es handelt sich dabei um ein langwieriges Leiden. Im Herbst 1958 drängte der Arzt zur Operation.

Wie man aus Abb. 7 ersieht, ist 17° Stier (die Schilddrüse und die Mandeln betreffend) nicht besetzt, es befinden sich aber in diesem Grad bedeutungsvolle Halbsummen, die als "krankheitsbezüglich" angesehen werden müssen. (17° Stier = 47°)

Im 90°-Kreis ist die Halbsumme für die folgenden Achsen: Sonne/Neptun, Mars/Neptun, Pluto/Neptun; denn Sonne, Mars und Pluto sind von diesem Punkt ebenso weit entfernt wie der Pluto. Im Alter von 20 Jahren läuft der um den Sonnenbogen vorgeschobene Uranus und im Alter von ca. 24 Jahren Mars mit Sonne und anschließend Pluto, um den Sonnenbogen vorgeschoben, über diesen Punkt.

Abb. 7 zu Beispiel Nr. 15
Weibliche Geburt am 13.4.1934 um 12 h 15 m in 7°28'O/51°31'N
Krankheit: **Schilddrüsen-Krankheit**

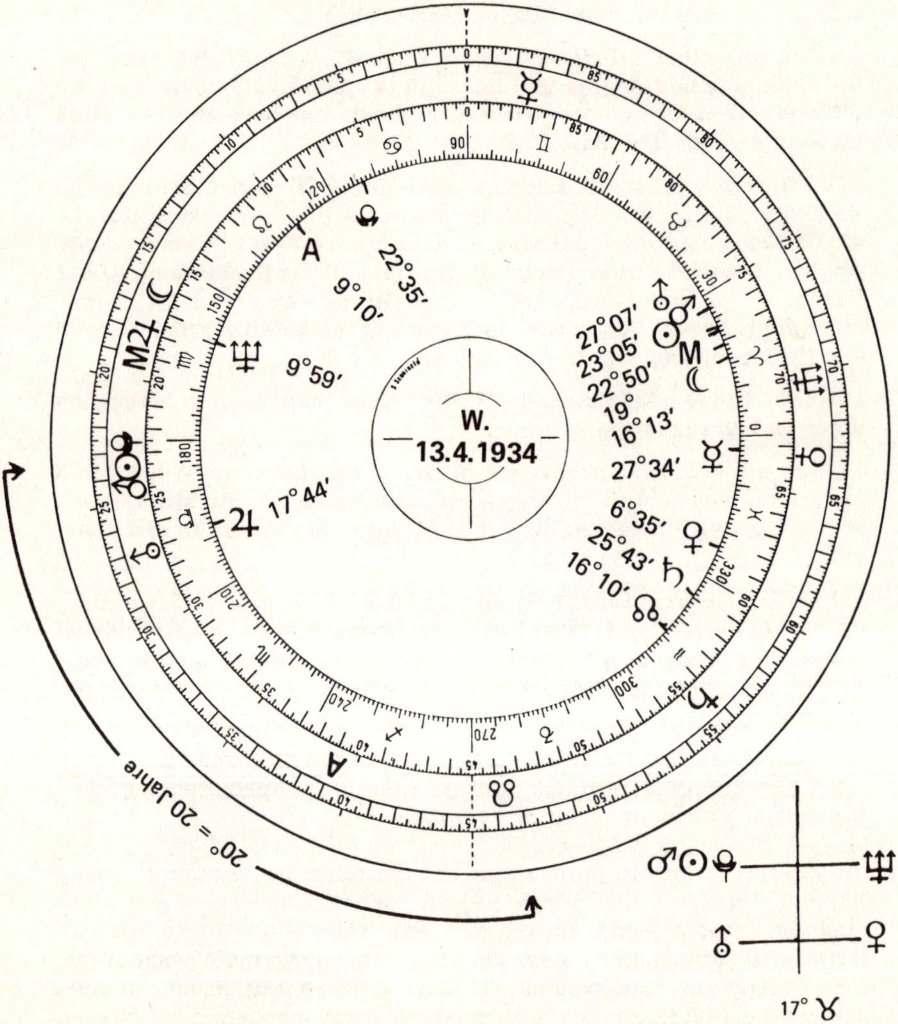

Obwohl diese Beziehungen sehr klar sind, möchte der Verfasser aber doch davon abraten, die Halbsummenpunkte allein mit den anatomischen Entsprechungen in Verbindung zu bringen, sondern sich vorwiegend auf die Beziehungen der Gestirnpositionen zu stützen.

16) Weibl. Geburt, 7.5.1953 um 11 h 08 m MEZ in 48°30' n. Br., 9° 12' ö. L., mit Sonne in 16°32' Stier leidet ständig an Halsentzündung und an Husten. Dabei ist zu berücksichtigen, daß Neptun und Saturn in Konjunktion stehen und der Neptun im progressiven Lauf auf den Saturn zuläuft. Die Konjunktion ist mit ca. 12 Jahren fällig.

17) Männl. Geburt, 9.7.1855 um 3 h 30 m in 14°20' ö. L., 51° n. Br., mit Mond in 17°48' und Uranus in 19°56' Stier starb am 9.7.1908 an Halskrebs. Es ist bezeichnend, daß sich Mond und Uranus im 90°-Kreis in den "Krankheitsachsen" Sonne/Neptun und Sonne/Saturn befinden. (Nach WILHELM KÖNIG weist dieses Kosmogramm die sogenannte Krebsformel Neptun = Mars/MC = Saturn/MC auf).

18) Uranus über 18 - 19° Stier weist besonders auf plötzliche Entzündungen hin. (E. E.)

19) Ein am 14.5.1890 früh 7 Uhr Geborener, bei dem die Sonne in ca. 23° Stier steht, litt seit 1917 viele Jahre an Zungenkrebs. (Für 22° ist auf die Zungenmuskeln hingewiesen.) Allerdings stand bei ihm die Sonne auch im Quadrat zum Saturn. Das Leiden - die Zunge war ohne Haut - war besonders qualvoll und langwierig, als Uranus im Wassermann und Saturn im Löwen standen. (E. E.)

20) Bei 24° Stier (Oberkiefer) habe ich unter schlechter Bestrahlung Kieferentzündung, Zahnpolypen und Wurzelhautentzündung festgestellt, zum Teil am eigenen Körper (E. E.) erfahren, da meine Sonne in 24° Stier steht.

21) Wenn Mars in 24° Stier in Konjunktion mit Algol steht, habe ich mehrfach gewaltsamen Tod, Gefahr durch Enthauptung, Tod bei Katastrophen festgestellt. Der Massenmörder KÜRTEN hatte Mars mit Algol am AS in Verbindung mit Pluto. (E. E.)

22) Einer am 28.4.1921 Geborenen mit Mars in 24° Stier wurde der Oberkiefer geschnitten, wovon eine Narbe zurückblieb. (E. E.)

23) Ein am 17.8.1911 um 18 h 30 m Geborener mit Mond in 26° Stier (Nasenbein) erlitt durch Sturz eine Knickung des Nasenbeins, wodurch sein Gesicht entstellt wurde.

24) Ein am 28. 5. 1896 Geborener hatte nie ein Geruchsempfinden. Die Venus steht hier in 26°10' Stier in der "Krankheitsachse" Sonne/Saturn. (Siehe auch Beispiel Nr. 29)

25) Weibl. Geburt am 27. 9. 1886, 1 h 30 m mit Neptun in 27° Stier (1. Halswirbel) bestätigt sich durch Tuberkulose am 1. Halswirbel. (Dr. A. R.) - Da der Neptun an der gleichen Stelle den ganzen Jahrgang betrifft, kann er nicht allein krankheitsbezüglich sein. Vielmehr befindet er sich mit Jupiter in den Halbsummen Mars/Pluto, Sonne/Saturn, Merkur/Saturn und Uranus/Saturn. Hier bestätigt sich wieder, daß man nicht allein von den Gradentsprechungen ausgehen kann, sondern den betreffenden Grad immer im Zusammenhang mit dem ganzen Kosmogramm untersuchen muß.

26) Zwischen 27° und 28° Stier befindet sich das Siebengestirn (Plejaden). Kritische Gestirne an dieser Stelle deuten zuweilen auf gewaltsamen Tod. Die Ermordung des Zaren NIKOLAUS II. von Rußland wurde von mir (E. E.) bereits zwei Jahre vor seinem Tod in den "Sternblättern" vorausgesagt.

DAS ZEICHEN ZWILLINGE

27) I. D., Darmstadt: 1940 bis 1941 war ich an einer spezifischen (tuberkulösen) Affektion des unteren linken Lungenfeldes sowie an einer eitrigen Pleuritis erkrankt. Seit November 1949 bis heute habe ich wieder mit einer spezifischen Lungenaffektion, linkes unteres Feld, und einer trockenen Pleuritis sowie einer Bronchitis zu tun. Mars 4°44' Zwillinge (unterer rechter Lungenlappen) Quadrat Mond Quadrat Venus Opposition Saturn.

1946 - 1949 leichte Lähmung des Herzmuskels: Sonne 23°31' Löwe (linkes Herzohr) Konjunktion Neptun 28°43' Löwe (Sehnen zu den Herzklappen) Konjunktion Merkur 24°02' Löwe (Papillarmuskeln).

Seit März 1949 bin ich an einem Ulcus duodeni (Geschwür im Zwölffingerdarm) erkrankt, kurze Zeit hatte ich auch mit zwei kleinen Ulcera ventriculi (Magengeschwür) zu tun; der Arzt sieht in aetiologischer Hinsicht nervöse Störungen als gegeben an; Venus 6°13' Jungfrau (absteigender Dickdarm) Konjunktion Mond 7°27' Jungfrau (Mastdarm) Quadrat Mars und Saturn. Bemerken möchte ich noch, daß ich seit meiner Geburt nach dem Bericht meiner Eltern mit Magen- und Darmkrankheiten zu tun habe. Bei allen Untersuchungen wurde von seiten der Ärzte immer eine Schwäche des Herzens (Herzneurose) festgestellt und auf die Empfindlichkeit der Lunge hingewiesen (geb. am 16. 8. 1928).

28) Weibl. Geburt, 13. 4. 1908, starb an Lungenentzündung. Mars in 4° Zwillinge (Lungenlappen) befindet sich in der Halbsumme Jupiter/Saturn, die bei Lungenkranken häufig besetzt ist. Venus in 8° Zwillinge (Bronchien) steht in Verbindung mit Sonne = Uranus = Jupiter/Neptun. (SCHWENGLER)

29) Männliche Geburt, 28. 5. 1896, MC = 11° Wassermann, AS = 19° Zwillinge, Sonne 7°18' Zwillinge. Lungenbläschenerweiterung (Staulungen), mehrfach Lungen- und Rippenfellentzündungen, die zu Verwachsungen führten. Auffallend ist, daß der Native noch nie ein Geruchsempfinden hatte und seit Jahren auch kein Geschmacksempfinden mehr hat. Der Sonnenort 7° Zwillinge entspricht nach den "Anatomischen Entsprechungen" den Lungenspitzen (siehe auch Nr. 24).

30) J. E. B., Baden-Baden: Ich habe den Mond in 7°33' Zwillinge (Lungenspitzen, Bronchien) und leide nahezu ununterbrochen an Erkrankung der Bronchien.

31) Ein am 3. 9. 1883 Geborener mit Saturn in 9°49' Zwillinge Quadrat Sonne starb an Lungentuberkulose (10° Zwillinge = Lungenbasis). (E. E.)

32) Bei Mond in 12 - 13° Zwillinge habe ich (E. E.) Neigung zu Erkältung festgestellt.

33) E. Sch., Tuttlingen: Von mir selbst kann ich bestätigen, daß die "Anatomischen Entsprechungen" meist stimmen. Augenblicklich steht der Saturn lfd in 15° Jungfrau im Quadrat zu meinem MC in 15° Zwillinge (Schulterblätter) im Quadrat zu Jupiter. Gerade an den Schulterblättern bin ich mit einem schweren Rheuma behaftet.

34) Ein am 4. 1. 1896 Geborener hat Mars in 16° Schütze in exakter Opposition zu Neptun 16° Zwillinge (Rippenfell). Er litt schon an einer Rippenfellentzündung, was die Entsprechung zu 16° Zwillinge bestätigt und holte sich im ersten Weltkrieg eine schwere Gasvergiftung, wobei die Lungen wieder stark in Mitleidenschaft gezogen wurden. Übrigens hat Neptun Beziehungen zu Mars.

35) Die Angaben über die einzelnen Rippen habe ich nicht genau nachprüfen können betr. 17, 18, 20, 29, 30° Zwillinge. Doch wurden mir mehrfach Schmerzen in den Rippen bestätigt. Es konnte selten angegeben werden, um welche Rippe es sich handelt, da die Schmerzen weiter ausstrahlen. (E. E.)

36) Eine am 14. 6. 1908 um 9 h 30 m Geborene hat die Sonne in 23° Zwillinge (Oberarme) und hat bereits zweimal zu verschiedenen Zeiten den Arm gebrochen. (E. E.)

37) In meinem Kosmogramm steht der Neptun in reichlich 26° Zwillinge (Handwurzelknochen). Im Alter von 57 Jahren erst stellte sich eine Entzündung im Handgelenk durch angestrengtes Maschinenschreiben ein. (R. E.)

38) Mein Pluto steht in 26°45' Zwillinge. Bei Grippe-Erkrankung sind bei mir Fingerglieder und Mittelhandknochen (27° bzw. 28° Zwillinge) auffallend schmerzhaft (rheumatisch), ebenso besonders der rechte Oberschenkel. (28° Schütze betrifft den rechten Schenkelmuskel.) (Dipl. Ing. E. F. in B.)

39) G. Sch., Rheydt: In Ihrer Broschüre "Anatomische Entsprechungen" hat der Saturn in 26-27° Zwillinge Einfluß auf Erkrankungen usw. der Finger. Ich bin am 17. 1. 1915 um 10.29 h in Berlin

geboren und habe den Saturn in 26°46' Zwillinge. Am 2.4.1945 erhielt ich einen Streifschuß durch die linke Innenhand, wodurch die Sehnen zerstört und zwei Finger fixiert wurden.

40) Dr. A.R., Lauffen: Ich wurde am linken Unterarm verwundet: Mars 27° Schütze, Pluto 26° Zwillinge. Nach den "Anatomischen Entsprechungen der Tierkreisgrade" ergeben sich folgende Beziehungen: 25° Zwillinge = Armspeichen, 26° Handwurzelknochen, 27° Fingerglieder. Durch die Opposition von Mars zu Pluto war diese Stellung besonders kritisch.

DAS ZEICHEN KREBS

41) Die ersten Grade beherrschen die Zwischenrippen und die Lymphgefäße. - Wenn die Gestirne in den ersten Graden des Zeichens Krebs schlecht aspektiert werden, besteht oft die Gefahr von Bronchialkatarrh, Rippenfellentzündung, Magenkrankheiten. Mars und Saturn im Quadrat zu diesen Graden wirken verhärtend und verstopfend, so daß auf Diäth zu achten ist. (E.E.)

42) Weibl. Geb., 2.5.1907, 20h, hatte lange Zeit Magengeschwüre, die sich auf den Zwölffingerdarm erstreckten. Neptun steht in 10° Krebs, was nach den "Anatomischen Entsprechungen" auf den "Magengrund" hinweist. Dabei ist der Neptun aber auch noch verbunden durch eine Opposition mit Mond und Uranus, durch eine Konjunktion mit Jupiter und ein Quadrat zur Venus.

43) Männl. Geburt, 13.7.1912, ein Asthmatiker und Magenkranker von Jugend an. Mond steht in 12° Krebs (große Magenkrümmung), Sonne in 21°, Venus und Neptun in 23° Krebs (Magenschleimhäute, Magenblutgefäße). Die sehr schwache Konstitution geht vornehmlich auf die enge Konjunktion von Sonne, Venus und Neptun zurück (SCHWENGLER).

44) Dr. A.R.: Weibl. Geburt, 19.8.1913, 1.30 h, Venus 15° Krebs (Magennerven): Sehr empfindliche Magennerven.

45) Der Mond bei 15° gibt einen sehr empfindlichen Magen, so daß nicht jede Kost vertragen wird. (E.E.)

46) Wenn Saturn in 16° Krebs (Bauchspeicheldrüse) oder gegenüber in Steinbock steht, funktioniert die Bauchspeicheldrüse nicht regelmäßig. Es treten Störungen ein, wenn nicht regelmäßig gelebt wird. (E.E.)

47) E.B., Niendorf: Als Beweis für die Richtigkeit der Gradentsprechungen möchte ich folgendes Datum angeben: Weibl. Geb., 22.3.1923, 10-11 Uhr, Oranienburg bei Berlin. Die Dame ist seit dem 15. Jahre zuckerkrank und braucht seit dieser Zeit täglich mehrere Insulin-Injektionen. Kennzeichnend ist hierfür, daß der Saturn in 18° Waage steht in exakter Quadratur zu 18° Krebs, was nach den "Anatomischen Entsprechungen" auf den "Eingang der Bauchspeicheldrüse in den Magen" hinweist. Der AS liegt wahrscheinlich auch in 16-18° Krebs.

48) Bei Saturn in 19° Krebs sind mehrfach Gallenleiden festgestellt worden. Eine am 5.1.1887 um 6.30 Uhr Geborene hatte eine schwere Gallenoperation zu überstehen am 13.10.1927. Aber auch im ersten Halbjahr 1887 Geborene, die Saturn im Krebs im Geburtsbild haben, litten stark an Magenleiden und Verdauungsstörungen, wobei sich unter schlechten Aspekten zu Saturn oft Erbrechen einstellte. (E.E.)

49) Neptun habe ich 19°19' Krebs Opposition Uranus, Quadrat Sonne Quadrat Saturn, Merkur usw. Sie geben für 19° Krebs an: Bauchspeicheldrüsenknopf, vielleicht auch Galle. Ich habe ca. 1934/ 1935 sehr stark mit der Galle zu tun gehabt. (Dipl. Ing. E.F., B.)

50) Eine Dame, bei der Saturn in 1° Löwe steht, hatte ein langjähriges Herzleiden. (E.E.)

51) In einem anderen Falle stand die Venus in 1° Löwe in Opposition zum Mond in 0° Wassermann (geb. 21.7.1880) und Merkur in 20° Löwe. Hier handelte es sich um eine Herzkrankheit in Verbindung mit Wassersucht. (E.E.)

Dieser Fall sei einmal herausgegriffen für eine Schnelldiagnose, die selbstverständlich ohne Kontrolle eines Arztes nicht zulässig ist und auch nicht verantwortet werden kann. In Abb. 8 sind nur die einzelnen Positionen roh eingetragen und die Ephemeridenangaben auch im 90°-Kreis markiert. Unser Blick fällt sofort auf die Häufung auf der linken Seite mit Saturn, Sonne, Mond, Venus. Im inneren Kreis kann man feststellen, daß es sich um Sonne Konjunktion Venus Quadrat Saturn Opposition Mond handelt. Bei einer solchen Zusammengestirnung wird man meistens auf gesundheitliche Störungen schließen können. Wenn die Venus in 1° Löwe auf das Herz hinweist, so muß hierzu ergänzt werden, daß die Venus besonders durch das Quadrat des Saturn "schlecht" gestellt ist. Wie man aus der "KdG" ersehen kann, deutet eine Mond-Saturn-Verbindung auf chronische Störungen des Wasserhaushaltes, so daß damit auch ein Hinweis auf die Wassersucht gegeben ist. Es dürfte auch die Feststellung nicht schwerfallen, daß der genannte Komplex sich ungefähr in der Mitte von Jupiter/Neptun befindet. Betrachtet man den Neptun, so befindet sich dieser genau in der Mitte von Mars, Pluto auf der einen, und der Häufung von Saturn, Sonne, Mond, Venus auf der anderen Seite. Auch dadurch wird auf Krankheiten hingewiesen. Der kosmobiologisch geschulte Arzt wird selbstverständlich genügend andere Mittel haben, um die richtige Diagnose zu stellen, aber er bekommt hier vielleicht einen Hinweis auf die Schwere der Krankheit, um dementsprechende Heilanwendungen empfehlen und vielleicht auch die Zeit auf Grund von Direktionen oder Transiten herausfinden zu können, wann Maßnahmen zur Heilung mit möglichst großem Erfolg anzuwenden sind.

Für den fortgeschrittenen Leser möge anhand der Abb. 8a gezeigt werden, wie man sehr rasch einen Überblick über das Kosmogramm und seine Struktur erhält. Man nimmt eine kleine Rechenscheibe, umrandet diese auf einem Papier mit dem Bleistift und markiert

Abb. 8 zu Beispiel Nr. 51
Weibliche Geburt am 21. Juli 1880
Krankheit: **Herzleiden, Wassersucht**

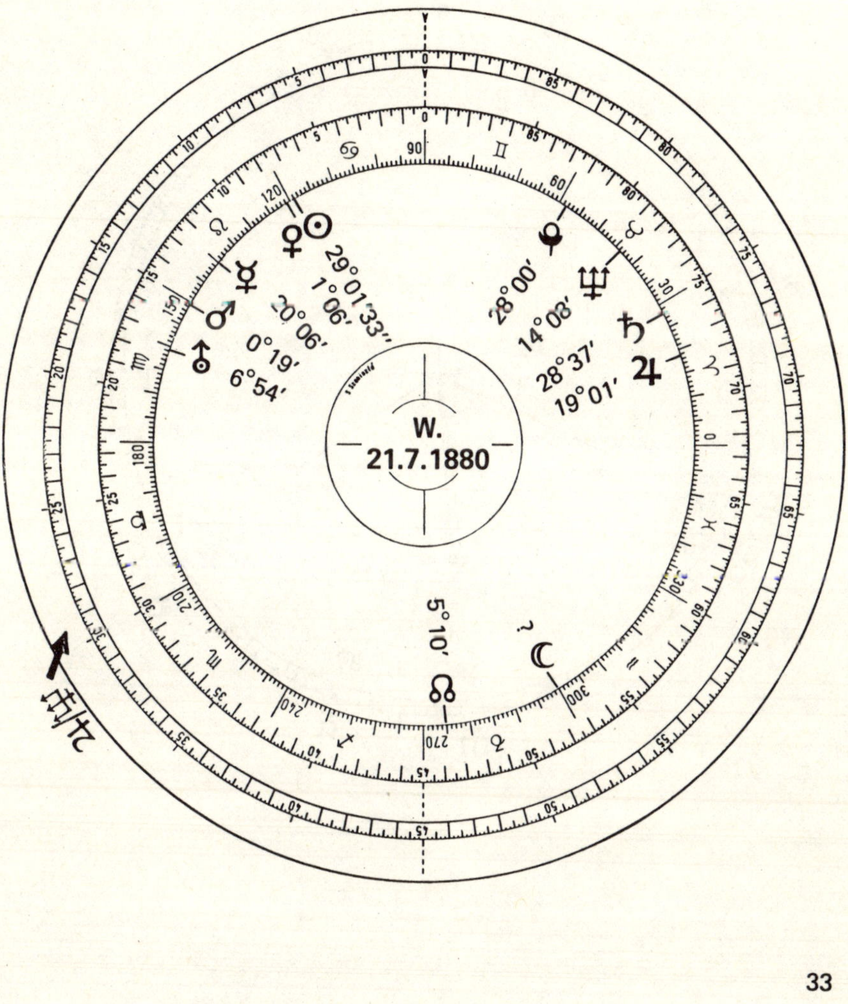

Abb. 8a zu Beispiel Nr. 51
Weibliche Geburt am 21. Juli 1880
Krankheit: **Herzleiden, Wassersucht**

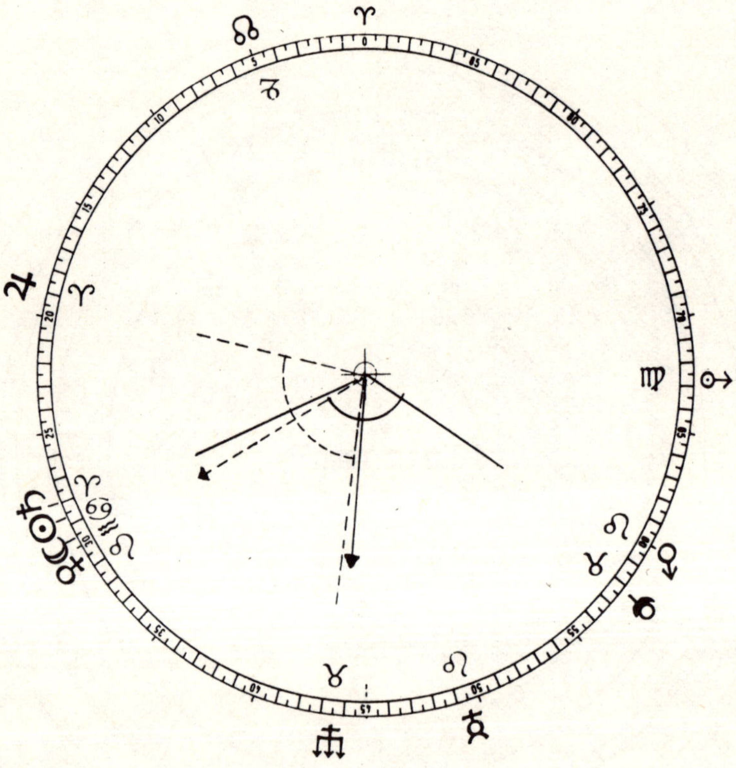

die Punkte für je 5°. Dann trägt man außen die Positionen der Gestirne an und schreibt innen die zugehörigen Tierkreiszeichen ein. Man erkennt dann den Komplex auf der linken Seite und kann auch die Positionen im Tierkreis gradgenau ablesen. Mit wenigen Strichen kann man auch die wichtigsten Halbsummen markieren. Diese einfache Darstellung ermöglicht eine klare Zusammenschau der Positionen gradgenau im Tierkreis mit den wichtigsten Winkelverbindungen bzw. Halbsummen und Planetenbildern.

Hinsichtlich der Beurteilung eines solchen Geburtsbildes sei besonders darauf hingewiesen, daß hierbei nur mit genauen Aspekten oder Halbsummen gerechnet wird, die höchstens eine Abweichung von ca. 1 1/2° aufweisen, während die traditionelle Astrologie mit einem Orbis von bis zu 10° und mehr arbeitet, womit man schließlich alles belegen kann.

52) Jupiter in 3° Löwe stand bei einer am 2.11.1883 Geborenen in Verbindung mit einer Herzlähmung. Mars befand sich in 9° Löwe. (E.E.) Dazu kam auch noch ein Quadrat der Sonne in 10° Skorpion im Quadrat zum Mars.

53) R.M.N., Stuttgart: In meinem Horoskop stehen Sonne, Merkur, Venus und Saturn in Jungfrau. Mein Verdauungsapparat ist sehr empfindlich. Nicht ausreichender Schlaf wirkt sich stets durch Verdauungsstörungen aus. Sonne in 22° Jungfrau: Am 13.1.1947 Einlieferung ins Krankenhaus mit Gelbsucht. Ausgelöst durch ein exaktes Halbquadrat des Saturn zur Sonne. Saturn stand an diesem Tag in der Achse Sonne/Mars (in Konjunktion) und Jupiter, demzufolge natürlich auch die Sonne r. Die Krankenhausaufnahme wurde als günstig empfunden infolge der damals bestehenden Knappheit an Nahrungsmitteln und Heizmaterial. Jupiter und Neptun in 9° bzw. 10°, Mars in 14° Löwe: Herzerweiterung infolge Mitralfigurierung. Marstransite wirken sich häufig durch verstärkte Herzbeschwerden aus. Mond 26° Stier: Nasenbein: Neigung zu Nasenröte infolge des Herzfehlers (mangelnde Blutzirkulation). Geb. 15.9.1919.

54) Männl. Geb., 3.11.1918 um 23h 30m Stuttgart, Tod etwa 1931 an einem Herzleiden. Neptun befindet sich 9°18' Löwe, AS in 15° Löwe, Saturn in 27° Löwe. Hier spricht viel mit, daß Neptun im Quadrat zur Sonne, und Merkur im Quadrat zum Uranus (Nervosität, Unruhe) steht. Der Tod erfolgte wahrscheinlich, als Neptun s und Sonne s in Verbindung mit Merkur und Uranus traten. Der Einwand, die Stellung des Neptun betreffe ganze Jahrgänge, wird ent-

kräftet durch die Einbeziehung von Sonne und Merkur. (SURYA)

55) Bei einer Geburt vom 11.8.1861 mit einer Anlage zu Herzkrankheit, Tuberkulose und Nierenleiden stehen Sonne in 18° und Mars in 24° Löwe. (E.E.)

56) Mond in 19° Löwe steht bei einer Geburt vom 8.1.1864 in Beziehung zu Herzpalpitation und Saturn in 17° Löwe. Schlechtes Arbeiten der Herzklappen. (E.E.)

57) Bei Saturn in 25° Löwe wurde mehrfach Herzbeutelentzündung festgestellt. (E.E.)

58) Leichte Lähmung des Herzmuskels bei Sonne in 23°, Merkur in 24° und Neptun in 28° Löwe, siehe Nr. 27.

59) R.Z., München: Männl. Geburt, 11.6.1928, Neptun in 26°43' Löwe, Tod mit 2 Monaten an Herzschlag. Man beachte dabei die Stellung des Neptun in Sonne/Jupiter (Schwächlichkeit) und Uranus/Pluto (Ermattung). Die Sonne (Herz) befindet sich in Neptun/Pluto (eigenartige Krankheiten).

60) In vielen Fällen wurde Blinddarmreizung und Entzündung festgestellt, wo Mars oder Uranus in 4° Jungfrau standen, wobei in mehreren Fällen Operationen notwendig waren. (E. E.)

61) Bei Mond in 4° Jungfrau wurde Neigung zur Verstopfung festgestellt. (E. E.)

62) In 8° Jungfrau steht der Fixstern Zosma, der, kritisch bestrahlt, leicht Gefahr von Vergiftung und gefährliche Eingeweide-Erkrankungen mit sich bringt, wenn nicht auf strenge Diät geachtet wird.

63) Bei einer Geburt vom 1. 5. 1921 steht der Jupiter in 8° Jungfrau in Opposition zu Uranus, was zu einer Blinddarmoperation führte. (E. E.)

64) Männl. Geburt, 18. 9. 1891 um 6 h 10 m Hamburg, Tod am 23. 10. 1944 an Leberschrumpfung. Die Zeichnung läßt eine ungewöhnlich starke Besetzung des Zeichens Jungfrau erkennen: 8°37' Mars, 15°49' Merkur, 21°01' Saturn, 24°53' Venus, 24°59' Sonne. Diese Häufung ist deshalb als besonders kritisch anzusehen, weil Neptun, Pluto, MC dazu im Quadrat, Mond und Jupiter in Opposition stehen. Die Entsprechung für Leber in 25° Jungfrau wird also hier durch Konjunktion von Venus und Sonne, Opposition Mond und nahezu auch MC angegeben. (Abb. 9)

65) In Beispiel 27 ist Venus und Mond in 6-7° Jungfrau bezeichnend für Darmgeschwüre.

66) Die Anatomischen Entsprechungen stimmen auffallend, Mars in 8° Jungfrau (Bauchhöhle, Leber) entspricht einer schweren Unterleibsentzündung mit starken Blutungen und Leberentzündung. Jupiter in 11° Zwillinge (Thymusdrüse) entspricht außergewöhnlicher Körpergröße. (K. Sch., Haag)

67) Ein am 19. 4. 1881 Geborener mit Uranus in 9°58' Jungfrau starb an einer Operation am 6. 2. 1919 nach Bauchhöhleneiterung und Geschwür am Zwölffingerdarm. Den Tod sagte ich Sylvester 1918 genau voraus (allerdings nicht dem Patienten!), während der behandelnde Arzt die Behandlung zu leicht nahm und nicht auf mich hörte. (E. E.)

68) Männl. Geburt am 1. 1. 1931. Neptun in 5°38' Jungfrau im Halbquadrat zu Jupiter 16°08' Krebs, Pluto 19°56' Krebs und AS 21°

Abb. 9 zu Beispiel Nr. 64
Männliche Geburt am 18.9.1891 um 6 h 10 m in Hamburg
Krankheit: **Leberschrumpfung**

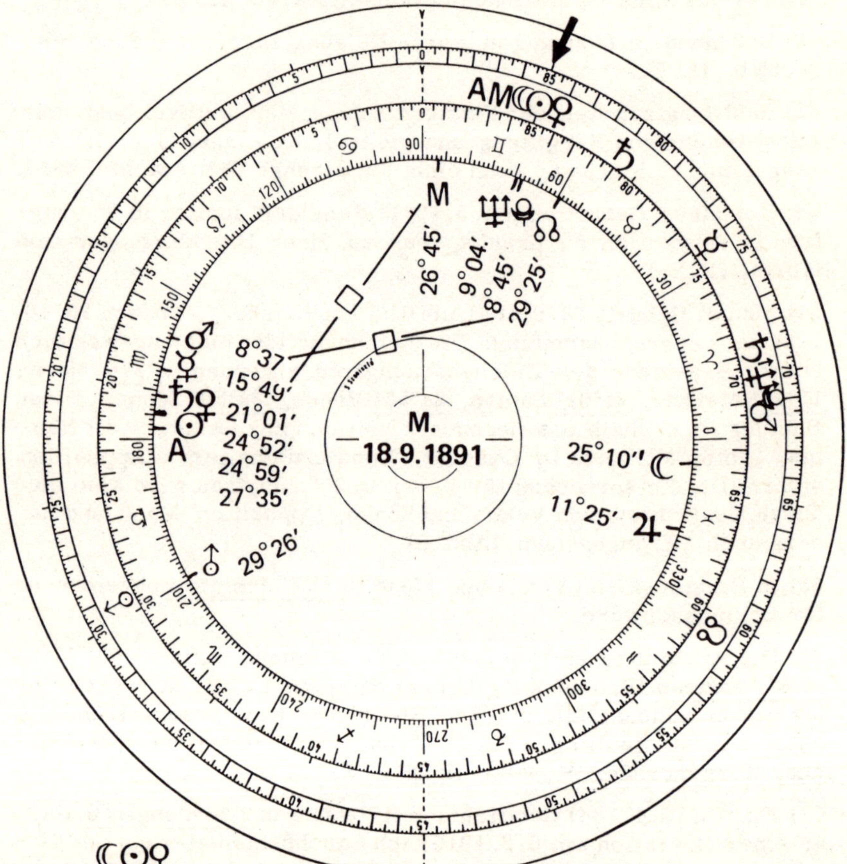

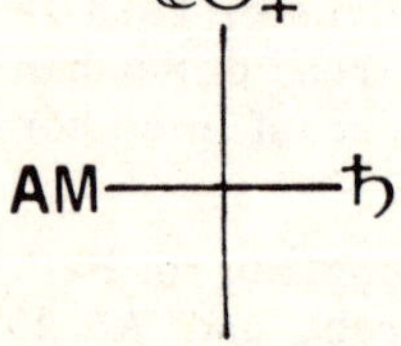

Krebs. Gleich nach der Geburt traten Verdauungsstörungen ein durch Diätfehler. Durch Nahrungsverweigerung während 2-3 Wochen war das Leben bedroht. Hier spricht aber auch viel mit, daß die Sonne in den Tagen nach der Geburt über Saturn Quadrat Uranus ging und gleichzeitig in die Halbsumme Mars/Neptun (Schwäche) eintrat.

69) Weibliche Geburt, 20. 9. 1891. Schwere Ernährungs- und Stoffwechselstörungen, schlechte Darm-, Magen-, Leber- und Milzfunktionen. Bei der starken Besetzung des Zeichens Jungfrau betreffen

Mars	10°	Jungfrau:	Leberlappen und Galle,
Merkur	14°	Jungfrau:	Gallenblasenarterie,
Saturn	21°	Jungfrau:	Gallenblasengang,
Sonne	27°	Jungfrau:	Hüftvenen,
Venus	28°	Jungfrau:	Lebervenen.

Als kritisch ist hier auch anzusehen, daß Jupiter in 10° Fische in Opposition und Neptun mit Pluto 8-10° Zwillinge im Quadrat zum Mars in 10° Jungfrau stehen. (Nach SCHWENGLER)

70) Aus Dr. FRIEDRICH FEERHOW, "Die Medizinische Astrologie", Leipzig 1919, S. 116, möge folgendes Beispiel angeführt werden: "Jenes Beispiel schließlich für eine Diagnose, die auf astrologischem Wege richtig gewonnen wurde, während sie klinisch unbefriedigend ausgefallen war." (In einer Fußnote weist Dr. med. FEERHOW auf die Einleitung hin, in der ausgeführt wird, daß auf dem 2. Internationalen Kongreß für Experimentalpsychologie der Pariser Arzt Dr. R. ALLENDY aufs nachdrücklichste für die Bedeutung der medizinischen Astrologie für die Krankheitsdiagnose eintrat und an instruktiven Geburtsbildern erläuterte, wie durch das Studium der Nativität schwierige Diagnosen richtig gewonnen wurden.)

"Horoskop von Frau A., geb. 3. Sept. 1890 um 5 h pm. in Paris.

Während langer Zeit schon war diese Dame plötzlich eintretenden apathischen Zuständen unterworfen gewesen, einer Art von Geistesstörung. Diese dauerten oft stundenlang und waren mitunter von Hitzezuständen begleitet.

Abgesehen von diesen intermittierenden Störungen war der sonstige Gesundheitszustand ein vollkommen guter; nichts als ein wenig Verstopfung waren festzustellen. Einige Kollegen, welche diese

Abb. 10 zu Beispiel Nr. 70
Weibliche Geburt am 3.9.1890 um 5 h p.m. (17 h) Paris
Krankheit: **Verdauungsstörungen**

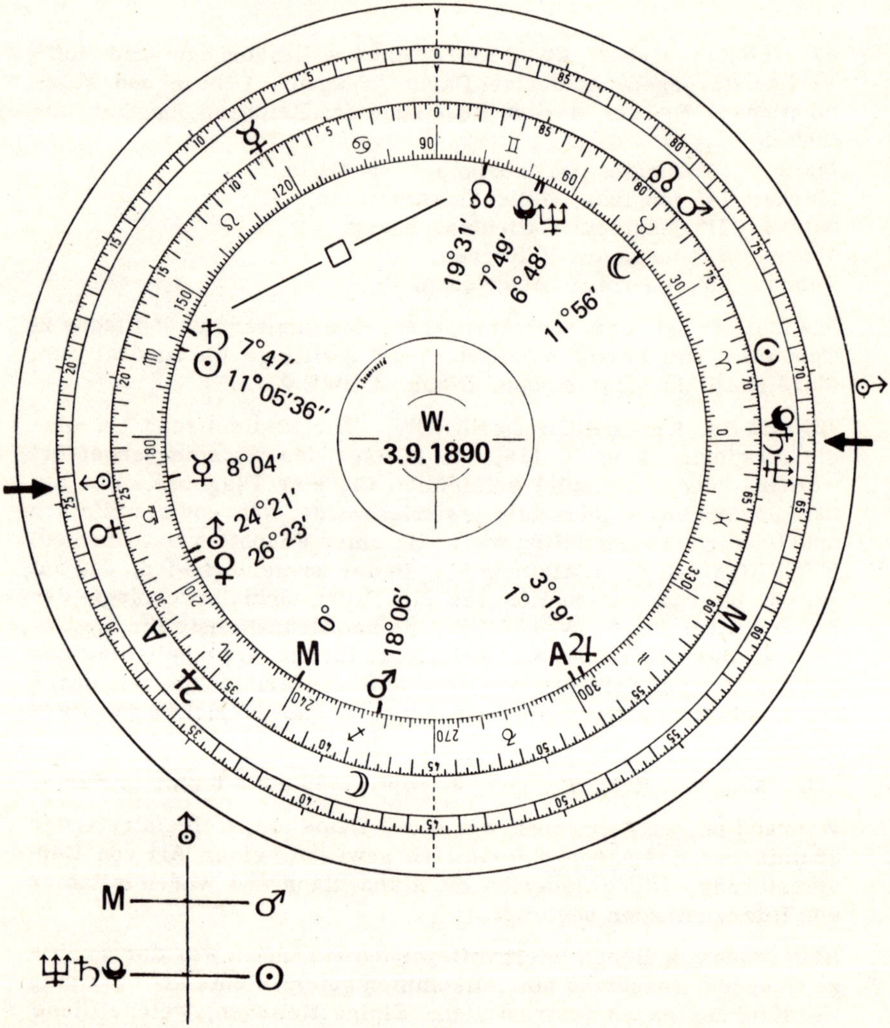

Dame konsultiert hatte, konnten nichts als rein nervöse Störungen finden.

Als ich nun ihr Horoskop prüfte, sah ich den Mond unter dem Horizont in // (Deklination) zum Saturn (das Chronische) und Saturn im Zeichen Jungfrau (Magen) stehen. Der Mond ist auch in // zum Uranus (plötzliche, kurzdauernde Störungen), der im Zeichen Waage (Unterleib) steht. Meine Diagnose lautete demnach: "Plötzliche vorübergehende Störungen, verursacht von einem chronischen Krankheitszustand des Verdauungsapparates."

Die Beobachtung, daß Mars das I. Haus beherrschte (Persönlichkeit der Nativen) und dabei im Aspekt zu Merkur stand (Intelligenz, geistige Klarheit), erklärte nach meinem Ermessen hinreichend die Entstehungsursache des Leidens.

Ich schätzte nun auf das Krankheitsbild einer muco-membranösen Gastroenterocolitis, wie sie ENRIQUEZ so gut beschrieben hat. Ich behandelte die Kranke zunächst allopathisch mit Laxativen, Benzonaphtol und Antispasmodica, dann aber homöopathisch mit Magnesia phosphorica, und ich erzielte damit die Ausheilung der Krankheit." -

Betrachten wir den Fall Abb.10 in unserem Schema, so muß sofort die Häufung im 90°-Kreis auf der rechten Seite auffallen, wo Sonne, Pluto, Saturn, Neptun beieinander stehen. Saturn in 7° Jungfrau betrifft den Mastdarm. Durch das Quadrat von Neptun und Pluto hierzu, wie auch die in nächster Nähe stehende Sonne, ist die Entsprechung zu den genannten Krankheiten gegeben. Die plötzlich auftretenden Störungen werden charakterisiert durch den Uranus, der in der gleichen Achse mit dem genannten Komplex steht. Der auf die rechte Seite übertragene punktierte Uranus macht das noch deutlicher. Dann können wir auch die "KdG" zu Hilfe nehmen und stellen fest:

Uranus = Sonne/Saturn: Wechselnder Lebensmut, seelische Spannungen, plötzliche Hemmungen, Nervosität, ungewöhnliche Zustände.

Uranus = Sonne/Neptun: Plötzlich auftretende Schwäche oder Krankheit, Krampfzustände (im Verdauungsbereich).

71) Männliche Geburt, 4.9.1871. Bei starkem Fettansatz angeblich nicht krank. Durch nachträgliche ärztliche Untersuchung nach dem Tode als Leber- und Nierenkranker bezeichnet. Sonne in 11° Jung-

frau (Leber, Galle), Merkur 3° Waage (Nebennieren), Venus 11° Waage (Nierensystem). (Nach SCHWENGLER)

72) Weibl. Geb., 8.3.1892. AS 15°, Saturn 27° Jungfrau Opposition Jupiter 28° Fische und Quadrat Mars 27° Schütze entsprechen einer Darmvergiftung. (SCHWENGLER)

73) Weibl. Geburt, 8.9.1927 mit Sonne 15°, Venus 18°, Merkur 20°, Mars 28° Jungfrau entspricht schweren Verdauungsstörungen. (R. Z., München)

74) Männl. Geburt, 11.9.1891 um 3 h, mit Saturn 20° (Gallengang), Merkur 22° Jungfrau (Gallenblase) leidet an Gallensteinen, hat mehrere Operationen durchmachen müssen. (Dr. A.R.) Dabei spricht viel mit, daß Saturn in Konjunktion mit der Sonne 18° Jungfrau steht.

75) Weibl. Geburt, 8.9.1891 um 23 h 30 m. Gegenüber Nr. 74 liegt nur eine Differenz von 2 Tagen vor. Auch hier liegt ein schweres Gallenleiden vor. Die ganze Gallenblase mußte entfernt werden. Man beachte Sonne 16°, Saturn 20°, Merkur 25° Jungfrau.

76) Siehe Beispiel Nr. 53 mit Sonne 22° Jungfrau, einer Gelbsucht entsprechend.

77) Jupiter steht in 23°46' Jungfrau in Opposition Mars und Quadrat Pluto. 20° Gallengang, 21° Gallenblasengang, 25° Leber sind alles Stellen "minoris resistentiae" bei mir. (Dipl. Ing. E.F. in B.)

78) Ein am 18.9.1895 morgens Geborener mit Sonne in 25° Jungfrau (Leber) und Venus 26° Jungfrau, lag 10 Wochen im Krankenhaus wegen Leberschwellung, Herzschwäche und Wassersucht. Mond und AS befinden sich auch noch im Zeichen Jungfrau. Die Krankheitsgefahr habe ich (E.E.) im Jahrbuch 1936 angedeutet. Es heißt dort u.a.: "Gegen Mitte September Geborene verschiedener Jahrgänge im mittleren Lebensalter, bei deren Geburt beide Lichter (Sonne und Mond) im Zeichen Jungfrau standen und durch die erwähnten Wandelsterne disharmonisch bestrahlt werden, sollten ganz besonders auf ihre Gesundheit achten, so z.B. Menschen, die frühmorgens geboren sind am 17. und 18. September 1895." (E.E.)

79) Weibl. Geburt, 18.10.1950 um 4 h 20 m Haffkrug/Ostsee, Tod am 4.3.1951 durch Verstopfung des Leber-Gallenganges. In diesem Falle liegt der AS 28° Jungfrau in Konjunktion mit Saturn 26°36' Jungfrau.

80) Männl. Geb., 15.2.1892, mit Mond 21° Jungfrau (Gallenblasengang) Opposition Jupiter 22° Fische (22° Jungfrau = Gallensteine) und Saturn 29° Jungfrau (Leberlappen) entspricht heftig auftretenden Gallenkoliken (SCHWENGLER).

81) Männl. Geburt, 21.8.1876 um 16 h 30 m Hamburg, Tod Mitte März 1949 an Gallen- und Leberkrebs. Bezeichnend sind Merkur 14° und Mond 28° Jungfrau. Zur Zeit des Todes stand der laufende Mars in Opposition zum Mond des Geburtsbildes. (E. B., Niendorf)

82) Männl. Geburt, 3.5.1851 um 21 h, 14°18'/51°, starb an Leberkrebs am 25.3.1923 um 3 h 30 m. MC in 26° Jungfrau (25° = Leber) befindet sich in der Halbsumme Jupiter/Neptun. Darin liegt ein doppelter Hinweis auf die Krankheit: Ich (MC) habe eine kranke (Neptun) Leber (Jupiter). (WILHELM KÖNIG)

83) Weibl. Geburt, 12.9.1912, Sonne 20° Jungfrau, Mars 6°, Venus 8°, Mond 11° Waage zeigten sich schwere Darm- und Nierenfunktionsstörungen. (SCHWENGLER)

84) Weibl. Geburt, 24.9.1914 um 22 h 30 m, mit Sonne in 1° Waage (Nierenbecken) hatte mehrfach unter Nierenbeckenentzündung zu leiden. (Dr. A.R.)

85) Siehe Beispiel Nr. 71 mit Merkur 3° Waage bei einem Leber- und Nierenkranken.

86) Weibl. Geburt, 26.7.1922 um 8 h 30 m in 7°27' ö.L. / 50°26' n.Br., leidet an Nierenbeckenentzündung. Der Saturn steht in 3° Waage.

87) Einen besonders prägnanten Fall ergab das Kosmogramm einer jungen Frau (17.3.1919). Sie war kerngesund, als ich ihr Geburtsbild bearbeitete. Ohne Kenntnis ihrer gesundheitlichen Veranlagung deutete ich ihr die Möglichkeit von Nieren- und Leberleiden an. 14 Tage später legte sie sich mit einer schweren Nierenentzündung, die mit einigen Rückfällen den ganzen Winter über währte, nieder. Mond 4°40' Waage (Nierenoberflächen) steht in Opposition zu Mars in 8° Widder. Sie litt außerdem an Herzanfällen, die oft so schwer waren, daß sofort der Arzt gerufen werden mußte. Saturn in 22°33' Löwe steht in Opposition zu 29°16' Wassermann und im Anderthalbquadrat zu Mars. (L.B., Grünau)

88) Dr. med. FEERHOW weist in seinem Buche hin auf seinen Kollegen, Dr. med. DÄÄTH, der sich besonders mit der Bright'schen Nierenkrankheit befaßt und einige Hypothesen darüber gewonnen hat, ohne daß daraus sichere Schlüsse gezogen werden können. In sehr vielen Fällen wiederholen sich kritische Aspekte zwischen Venus und Saturn. Unter den angeführten Beispielen ist für uns interessant eine männl. Geburt vom 25.10.1833 um 7 h 45 m mit Saturn in 4°57' Waage. Es handelt sich dabei um einen Diphterie- und Scharlachfall mit sekundärer Schrumpfniere.

89) Dr. H.H. Speele: Ich selbst mußte mich am 9.3.1945 einer operativen Nierenuntersuchung unterziehen. An diesem Tage stand Neptun laufend in 5° Waage im exakten Quadrat zu Mars r in VI, sowie 135° zu Sonne/Jupiter r. Gleichzeitig befand sich Mars lfd in Sonne/Jupiter r. Die Untersuchung ergab "Geschwulst Gegend Nierenpyramide". Ein weiterer Beweis für die "Anatomischen Entsprechungen", die unter 5° Waage auf die Nierenpyramiden hinweisen.

90) Siehe Beispiel Nr. 82 mit einer Konjunktion von Mars, Venus und Mond in 6-11° Waage, Sonne in 20° Jungfrau: Belastungen durch schwere Darm- und Nierenfunktionsstörungen (12. 9. 1912).

91) Ein am 19. 4. 1893 um 14 h 30 m Geborener litt an einer Nierenentzündung. Der Saturn stand in 8° Waage. Es wurde schon mehrfach betont, daß die Position eines Gestirns allein nicht für eine Krankheit verantwortlich gemacht werden kann. Es tritt hier zunächst eine Opposition von Merkur in 5° Widder hinzu. Weiterhin ist zu beachten, daß sich Neptun in 9° Zwillinge, Pluto in 8° Zwillinge befinden. Dann ergibt sich im 90°-Kreis folgendes Bild:

Quadrat Neptun, Pluto - -	Saturn - -	Uranus
8-9° Jungfrau	8° Waage	8° Skorpion

Der Saturn, der hier einer Krankheit im Nierenbereich entspricht, befindet sich also im 90°-Kreis in der Mitte von Uranus/Neptun bzw. Uranus/Pluto. Das läßt gleichzeitig den Schluß zu, daß bei dem organischen Leiden auch seelische Belastungen stark mitgespielt haben.

92) Ein Nierenkranker, geb. 8.1.1864, hat in seinem Geburtsbild den Saturn in 17°47' Waage im Quadrat zur Sonne ca. 18° Steinbock stehen. (HEINDEL). Siehe auch Nr. 109.

93) Männliche Geburt am 11.10.1889 um 18h in Boston/Missouri. Über diesen Fall berichtet Heindel folgendes: Als der junge Mann etwa 22 Jahre alt war, begannen alle Bänder der Arme, der Füße und des Rückens steif und fest zu werden, so daß es ihm unmöglich wurde, sich zu bewegen. Zur selben Zeit erschienen anstatt der Nägel seltsame hornartige Gebilde auf den Fingern und den Zehen. Diese Bildungen erreichten eine gewisse Größe und begannen dann auszueitern. Das erleichterte die operative Entfernung; nach derselben verschwand die Eiterung, und die Bildung der hornartigen Gewächse begann von neuem. Zuletzt wurden die Kinnbacken steif, so daß der junge Bursche kaum noch essen konnte. Aus dem Krankheitsbild geht hervor, daß die Ausscheidungen der Nieren nicht aus dem Körper entfernt wurden, sondern darin blieben und das ganze System vergifteten. Außerdem zog sich der Mann eine Geschlechtskrankheit zu.

Abb. 11 zeigt die Sonne in 18°57' Waage, Uranus in 22°07' Waage, Merkur 28°03' Waage. Diese Grade betreffen die Nieren und die Harnblase. Einen individuellen Charakter bekommt die Position

Abb. 11 zu Beispiel Nr. 93
Männliche Geburt am 11.10.1889 um 18 h, Boston
Krankheit: **Vereiterung der Nägel und Lähmungen**

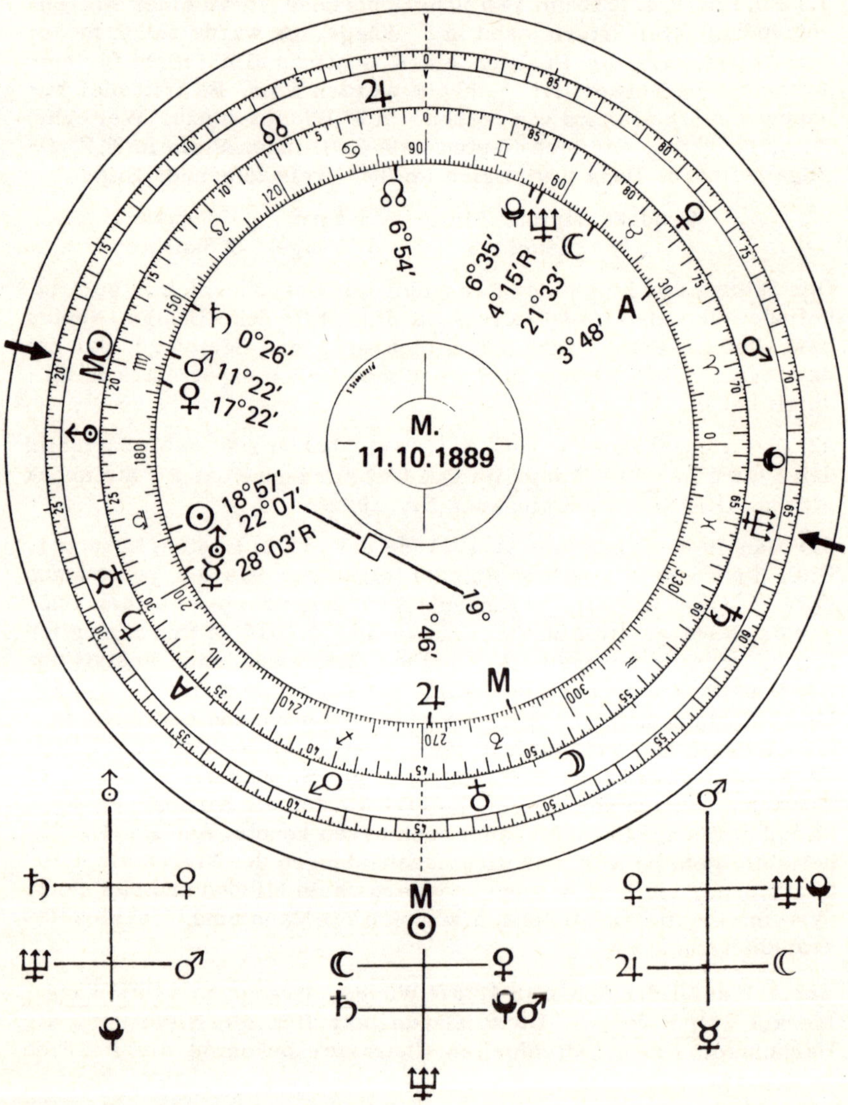

von Sonne und Uranus durch das Quadrat des MC. Doch erst der 90°-Kreis läßt das Krankheitsbild im Kosmogramm deutlich werden. Man drehe einmal das Kosmogramm so, daß MC und Sonne links außen nach oben kommen. Dann kann man deutlich folgendes Planetenbild erkennen:

MC
Sonne
:
Mond .... Venus
:
Saturn .... Pluto/Mars
:
Neptun

Allein in der Verbindung Sonne-MC-Neptun liegen Beeinflußbarkeit, Verführbarkeit, Krankheit. Dabei weist Neptun in Mars/Saturn auf Krankheit und Infektionen hin, in Mond/Venus besonders auf eine geschwächte oder anormale Drüsentätigkeit. (Die Niere ist auch ein drüsenartiges Organ.)

Ein Krankheitsbild ergibt sich auch, wenn wir den Uranus als Achse nehmen. Dann ist

Uranus
:
Saturn .... Venus
:
Neptun .... Mars
:
Pluto

Dabei entsprechen die Halbsumme Venus/Saturn Hemmungen der inneren Sekretion, mangelnder Drüsentätigkeit und Mars/Neptun einer "lahmgelegten Tätigkeit", Muskellähmung, Seuchenempfänglichkeit, Infektionskrankheiten, Eiterung (nach der "KdG"). Diese Anlagen werden nun aktiviert durch Uranus und Pluto, wobei der Uranus wieder für eine Erkrankung im Nierenbereich "zuständig" ist.

Eine Probe für die Richtigkeit dieser Entsprechungen ist nun gegeben, wenn man die Direktionen untersucht. Der Merkur progressiv (nach dem Schlüssel ein Tag = ein Jahr nach der Geburt) ist rückläufig und erreicht mit 22 Jahren 21°50' Waage, also mit einem ganz geringen Orbis den Uranus und löst damit die durch Uranus gegebene Krankheitsanlage aus.

Es ist außerdem bezeichnend, daß im Jahre 1911, als der Native 22 Jahre alt wurde, der Neptun laufend in 19-23° Krebs pendelte und somit ins Quadrat zu Sonne und Uranus und in Opposition zum MC kam. Diese Entsprechungen zwischen kosmischen Konstellationen und Krankheit lassen an Klarheit nichts zu wünschen übrig.

94) Weibl. Geburt am 11. 8. 1861 (nach Heindel) zeigt mit Mond in 26°15' Waage eine Entsprechung zu Nierenkrankheit und mangelnder Hautausscheidung. Man vergleiche das folgende Planetenbild mit Nr. 93:

Mond

Mars ....:.... Neptun

Saturn ....:.... Venus

Es sind hier die gleichen "Krankheitsachsen" Mars/Neptun und Venus/Saturn betroffen, anstelle des Uranus in Nr. 93 befindet sich hier der Mond im Zeichen Waage. Bei dieser Patientin lagen außerdem auch noch Herzkrankheit und Lungentuberkulose vor.

95) Weibl. Geburt, 4.10.1872, Geburtsstunde nicht bekannt. Nach Heindel erreichte die Sonne in 11°34' Waage mit 22 Jahren im progressiven Lauf ca. 3° Skorpion. An dieser Stelle befinden sich Venus und Mond. Da die Geburtszeit nicht bekannt ist, wäre beim Mond eine Abweichung nach beiden Seiten bis ca. 6° möglich. Der Uranus in 5° Löwe steht aber auf jeden Fall im Quadrat zur Venus. Während dieser Zeit entwickelten sich die Leidenschaften und wurden Krankheitskeime gelegt; es folgte eine Reihe von Operationen am Unterleib und am Schlund; man bemerkte, daß eine "Beschädigung des Skorpions" gleicherweise die des Stiers zur Folge hat; sind die Zeugungsorgane erkrankt, so finden wir stets auch eine Erkrankung des Rachens. (Wenn daher Mandelentzündungen vorliegen, sind meistens auch Störungen in den Unterleibsorganen vorhanden, die aber nicht beseitigt werden, wenn man die Mandeln wegoperiert!) In den Anatomischen Entsprechungen ist bei 3° Skorpion "Uterus" (Gebärmutter) angegeben. Damit ist auf die Möglichkeit der Erkrankung dieses Organs hingewiesen. Man beachte dabei die Aussagen aus der Verbindung von Venus-Mond-Uranus: plötzliche Erregbarkeit, plötzliches Begehren; in diesem Falle ausgelöst durch die progressive Sonne.

Mit ca. 42 Lebensjahren trat "als Folge des liederlichen Lebenswandels" eine Augenkrankheit auf, als Mars s in 11° Waage die Sonne erreichte. Das ist aber die Oppositionsstelle zu 11° Widder mit der Entsprechung zum Sehnerv.

96) Weibl. Geburt am 25.4.1884 um 9 h in 14°29' ö.L., 51° n.Br. (nach Wilhelm König). Tod am 15.3.1926 um 13 h 45 m MEZ an Gebärmutterkrebs. Das Zeichen Skorpion ist in diesem Fall nicht besetzt, um so mehr aber das Gegenzeichen Stier mit Mond 1°26', Sonne 5°29', Neptun 20°11', Merkur 25°50' Stier. Lesen wir in den Entsprechungen für die gleichen Grade im Skorpion nach, so erhalten wir Hinweise auf Harnröhre, Gebärmuttermund, Drüsen in der Scheide, Eileiter. Eine Bestätigung für diese Entsprechungen ist nun beim Tode gegeben. Der vorgeschobene Uranus in 4°53' Skorpion erreicht fast die Opposition zur Sonne in 5°29' Stier (5° Skorpion = Gebärmutter!). Im 90°-Kreis sind u.a. folgende krankheitsbezügliche Planetenbilder vorhanden: Mars = Sonne/Neptun = Mond/Neptun, Neptun = Sonne/Saturn = Mond/Saturn.

97) Weibl. Geburt am 5.11.1883 um 5 h 30 m p.m. zu Paris. Dieses Beispiel führt Dr. med. FEERHOW an unter Hinweis auf einen Bericht von Dr. med. R. ALLENDY auf dem 2. Internationalen Kongreß für Experimentalpsychologie im März 1913.

"Die Native litt seit mehreren Jahren an intermittierender Gesichtsneuralgie, die in äußerst schmerzlicher Form jedes Mal vor der Mensis einsetzte und 14 Tage andauerte. Sie wurde von einem Dr. Sicard behandelt, der aber mit den gewöhnlichen Methoden nichts erreichte, bis er schließlich mit einem wahren klinischen "Flair" auf den Gedanken kam, daß der Grund des Übels in einer Insuffizienz (einer funktionellen Schwäche) der Eierstöcke zu suchen sein dürfte. Er richtete also die weitere Behandlung auf diese, und siehe da, es wirkte besser als alle früheren Mittel."

"So handelte es sich offenbar in diesem Falle auch nicht um eine ursächliche Gesichtsnervenerkrankung, sondern bloß um eine sekundäre (symptomatische) Migräne bei Störung der Ovarialdrüsentätigkeit. Hierzu bemerkt Dr. ALLENDY ganz richtig folgendes: "Nun hatte man in diesem Falle durch die Astrologie die Diagnose sofort von vornherein ohne Umwege treffen müssen, denn die Symptome für die Mängel der Ovarien sind sehr deutlich aus dem Horoskop zu entnehmen". -

Betrachten wir nach unseren heutigen Erkenntnissen das Kosmogramm, Abb. 12, so finden wir allein an Hand der Anatomischen Entsprechungen:

Merkur	= 0°48' Skorpion:	Harnröhre,
Mondknoten	= 1°36' Skorpion:	Harnröhren
Sonne	= 12°58' Skorpion:	Samenbläschen, Labium min. pud. (Schamlippe),
Venus	= 24°48' Skorpion:	Eileiter, (Nase).

Da man bei eigenartigen oder ungewöhnlichen Erkrankungen stets einen Blick auf den Neptun werfen sollte, so ist hier rasch erkennbar, daß der Neptun sich nicht nur im Gegenzeichen Stier befindet, sondern seine Opposition genau in die Mitte von Sonne und Venus trifft. Nach der "KdG" betrifft die Verbindung Sonne/Venus: Drüsengewebe, Graafscher Follikel (kugelige Bläschen in den Eierstöcken). Der Neptun dürfte demnach Störungen in diesem Bereich mit sich bringen. Dabei wäre es notwendig, auch auf Eigenarten des Liebeslebens einzugehen, für die uns aber keine Belege zur Verfügung stehen.

Abb. 12 zum Beispiel Nr. 97
Weibliche Geburt am 5.11.1883 um 17 h 30 m in Paris
Krankheit: **Gesichtsneuralgie – Schwäche der Eierstöcke**

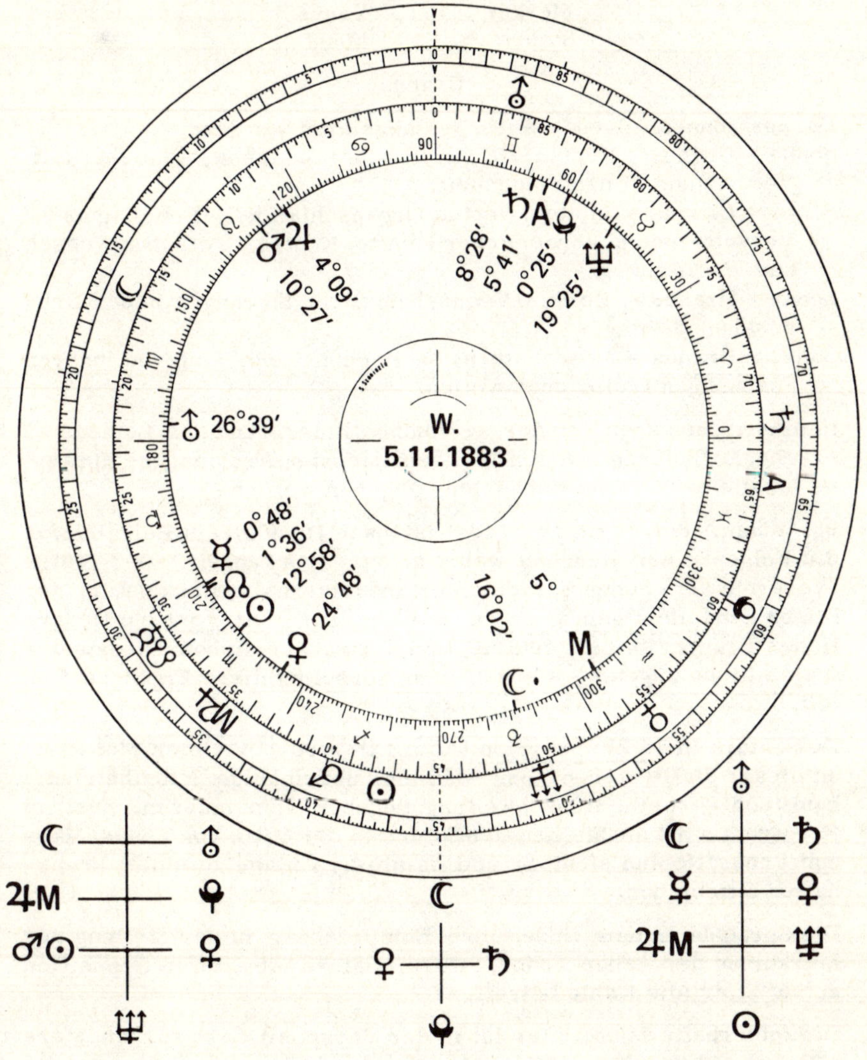

Sehen wir uns die Sonne im 90°-Kreis an, so ergibt sich folgendes Bild:

Sonne
Neptun .... MC, Jupiter
Merkur .... Venus
Saturn .... Mond
Uranus

Daraus können folgende Aussagen abgeleitet werden:
Sonne = Uranus = Neptun/MC: Seelische Unklarheit, Unsicherheit, Verstellung, Unzufriedenheit.
Sonne = Uranus = Jupiter/Neptun: Organschlaffheit, 'Fehldiagnose'! Verschwendung körperlicher Kräfte, Kontrast zwischen Wunsch und Wirklichkeit.
Sonne = Uranus = Merkur/Venus: Plötzliche Störungen in der Drüsenabsonderung.
Sonne = Uranus = Mond/Saturn: Seelisches Leid, sich von inneren Spannungen freimachen wollen.

In diesen Aussagen ist der seelische Hintergrund des Leidens zu erkennen. Dadurch könnten dem behandelnden Arzt manche Hinweise für die psychische Behandlung gegeben werden.

98) Männl. Geburt am 16. 9. 1896 ist (nach Heindel) ein Beispiel für die Folgen einer Zeugung während der Trunkenheit. Der Vater "vererbte dem Sohne Sprachfehler und fehlerhafte Muskulatur; der Knabe kann nicht gehen, er wackelt". - "Die Mutter ist ein liederliches Frauenzimmer, entartet und der schauerlichen Theorie der freien Liebe zugetan, sie gab dem Sprößling diese Eigenschaften mit."

Der Saturn in 15°27' Skorpion (Abb. 13) wird bei vielen Menschen an dieser Stelle stehen, ohne daß eine übermäßige Selbstbefriedigung und sexuelle Ausschweifung gegeben sein müssen. Erst im 90°-Kreis wird die Stellung des Saturn in der Mitte von Venus/Mars und Venus/Neptun sichtbar und damit die Anlage zu einem krankhaften Triebleben.

Die Sprachhemmung findet ihre Entsprechung in der Stellung des Merkur in der Achse Sonne/Saturn. Saturn ist auch in Opposition zu 15° Stier (die Kehle betreffend).

Die fehlerhafte Muskulatur ist in der Marsposition zu suchen. Mars = Neptun/Pluto weist auf Energiemangel und Mangel an Widerstands-

Abb. 13 zum Beispiel Nr. 98
Männliche Geburt am 16.9.1896
Krankheit: **Sprachfehler, Onanie, Muskelschwäche**

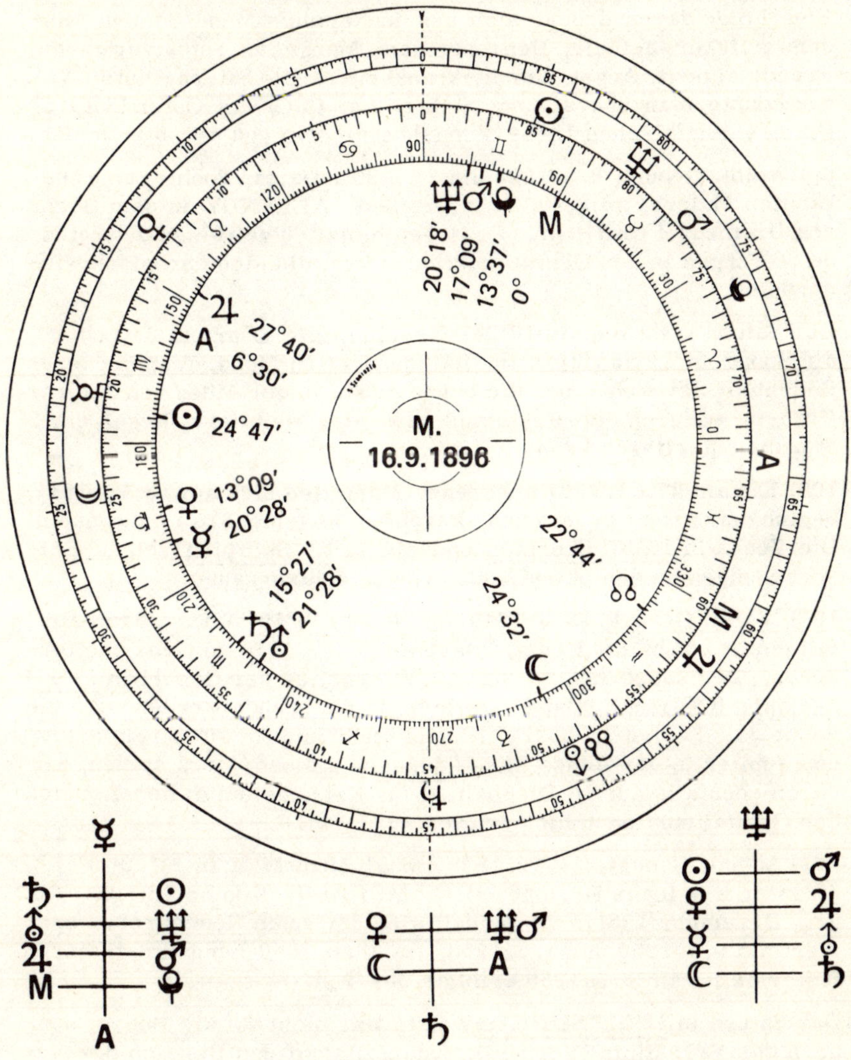

kraft hin. Mars in Merkur/Saturn zeigt eine Entsprechung zu den Hör- und Sprachorganen.

Da Sonne/Mars Beziehungen zum Muskelgewebe aufweist, so kann man aus Neptun = Sonne/Mars auf eine Muskelschwäche schließen. Eine Folge davon drückt sich aus in Neptun = Mond/Saturn: Minderwertigkeitsgefühle, Depressionen, Mangel an Selbstvertrauen, Freudlosigkeit, Angst, Gemütskrankheit. MC = Saturn/Pluto = Venus könnte man übersetzen: Sich selbst (MC) als Opfer (Saturn/Pluto) einer falschen Liebe (Venus) betrachten und darunter leiden.

99) Weibl. Geburt, 8.5.1896 um 21 h 30 m Paris, Tochter eines bekannten Malers, mitgeteilt von Dr. med. ALLENDY in dem Buche von Dr. med. FEERHOW. Es liegen plötzlich zeitweise auftretende Störungen in den Genitalfunktionen vor, die sich chronisch wiederholen.

Der Saturn steht hier in 16°36' Skorpion, die Ovarien betreffend, die Sonne in 19°45' Stier im Halbquadrat zu Mond. Von größerer Bedeutung ist wohl aber die Sonne genau in der Mitte von Saturn/Uranus, wodurch der Rhythmus bzw. die weibliche Regel einer Störung unterliegen kann.

100) Ein am 27.11.1897 geborener Mann ließ sich am 13.10.1931, beginnend durch Operationen, angeblich in eine Frau umwandeln. Die Venus in 16°13' Skorpion und MC in 18° Skorpion zeigen Entsprechungen zu den betreffenden Geschlechtsorganen.

101) Weibl. Geburt, 13.3.1849 um 20 h in 14°19' ö. L., 51° n. Br., mitgeteilt von Wilh. König, starb am 14.7.1916 an Gebärmutterkrebs. Der Mond befand sich im Augenblick der Geburt in 17°47' Skorpion (Ovarien). Dabei sollte nicht übersehen werden, daß die Sonne mit Saturn in 23-27° Fische steht und im 90°-Kreis Saturn und Jupiter in der Achse Mond/Venus und Mond/Mars stehen, wodurch ebenfalls auf die Disposition für Krankheiten in dem Bereich der Genitalfunktionen hingewiesen wird.

102) Männl. Geburt, 14.10.1925 um 3 h 50 m MEZ in 11°20' ö. L., 37°45' n. Br. (nach Dr. med. H.G. MÜLLER, Kosmobiologie, 18. Jg., Dezember 1951). Es handelt sich um einen Hodenkrebs, operiert am 9.3.1950 und 1.6.1950; am 23.8.1950 Lungenmetastasen festgestellt, am 8.9.1950 erfolgte der Tod.

Der Saturn in 13°52' Skorpion weist zwar nicht auf die Hoden, sondern das Präputium (Vorhaut), jedenfalls auf den Bereich der Genitalfunktionen. Dabei ergeben sich im 90°-Kreis folgende Planetenbilder:

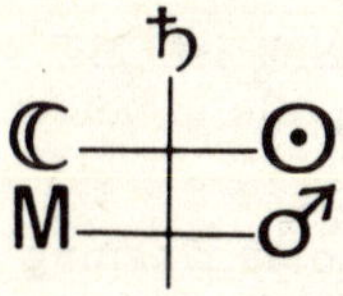
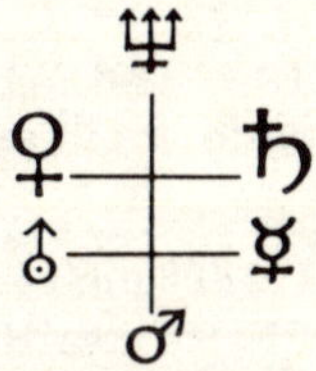
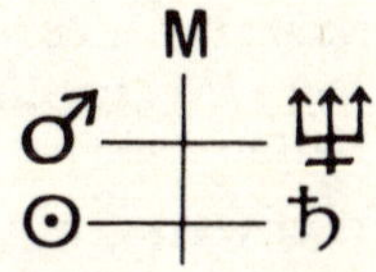

Darin liegen verschiedene Planetenbilder, die bereits in anderen Fällen mit Erkrankung der Genitalien festgestellt wurden.

Man beachte nun folgendes: In seinem progressiven Lauf erreichte der Saturn im Todesjahr 16°51', also fast 17° Skorpion (Hoden), die progressive Sonne hatte den Saturnort 2 Jahre vor dem Tode erreicht, als wahrscheinlich die Krankheit in ein akutes Stadium getreten war. Auch die Sonne hatte im Geburtsbild einen ungünstigen Stand in der Achse Neptun/MC.

103) Noch ein Fall von Hodenkrebs, mitgeteilt von Dr. med. H.G. MÜLLER im gleichen Aufsatz wie Nr. 102. Männliche Geburt, 29. 5. 1910 um 18 h 05 m MEZ in 12°34' ö. L. und 48°11' n. Br.

Der Native erlebte eine Ehekrise 1941, die erste Operation am 5. 12. 1950, die zweite Operation am 16. 3. 1951 (Semicastratio), Tod an Lugenmetastasen am 12. 5. 1951 um 10 h 13 m.

Nach dem Beispiel Nr. 102 überrascht es uns nicht, daß sich der AS in 17°35' Skorpion (Hoden) befindet, wobei als nachteilig anzusehen ist, daß sich AS in den Halbsummen Saturn/MC = Sonne/Uranus befindet. (Plötzliche Hemmung in der Entwicklung, evtl. durch Krankheit.)

Wie auch in anderen Fällen ist es notwendig, das vollständige Kosmogramm zu betrachten. Man macht bei der Berechnung des Strukturbildes ähnliche Feststellungen wie bei Nr. 102.

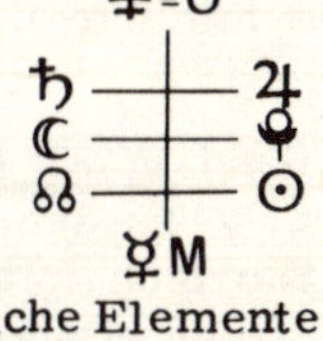
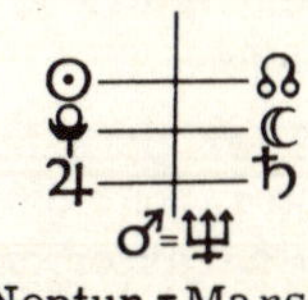

In beiden Fällen sind als gleiche Elemente vorhanden Neptun = Mars und MC = Mars/Neptun, ähnlich sind Saturn = Mars/MC (102) und Saturn = Mars/AS (103), Saturn = Sonne/Mond (102) und Saturn = Mond/Venus (103).

Der Tod trat ein, als die Sonne pr die Konjunktion Mars-Neptun erreichte.

Nach Dr.med. H.G. MÜLLER und WILHELM KÖNIG ist MC = Mars/Neptun als "Metastasenformel" anzusprechen, die in beiden Fällen auftritt.

104) Weibl. Geburt am 27.11.1896 um 14 h 15 m in Takoma(Washington). Die Frau litt nach HEINDEL an Hals- und Nasenleiden, ferner an Stuhlverstopfung. Es ist bezeichnend, daß - wie in weiteren Fällen - 23° Skorpion besetzt ist, hier mit Saturn in 23°25'.

105) Nach dem Bericht einer Leserin der "Kosmobiologie" hat eine Frau, die am 14.1.1926 geboren ist, schon als Kind einen Erbfehler an der Nase. Durch Röntgenbestrahlung ergab sich dazu ein schwerer Augenschaden. Zeitweilig traten lebensgefährliche Blutungen in der Nase ein, meist hatte sich zuvor ein kleines Geschwür in der Nase gebildet. Am 14.1.1945 bei gleichzeitiger Sonnenfinsternis trat eine schwere Blutung mit Lebensgefahr ein. In der Universitätsklinik Breslau war kein Operateur mehr vorhanden, am 20.1.1945 mußte die Native mit den Eltern fliehen und machte erst in Dresden eine schwere Operation durch. Nach einigen Tagen mußte sie wegen des Bombenangriffes auf Dresden - trotz Aufstehverbotes - fliehen. Im Geburtsbild steht der Saturn in 23°59' Skorpion (Nase) im Quadrat zu Neptun 24°11' Löwe und Venus 25°50' Wassermann. Der Höhepunkt der Krankheit wurde erreicht, als Saturn s Konjunktion Mars und Neptun s Quadrat Mars fällig wurden, der Neptun progressiv in 23°42' Löwe das minutengenaue Quadrat zu Saturn überschritten hatte und Saturn progressiv in 25°14' Skorpion sich dem Quadrat zur Venus näherte. Gerade Saturn = Venus/Neptun läßt vermuten, daß die Blutungen in der Nase mit einer Störung der Genitalfunktionen zusammengehangen haben.

106) Weibl. Geburt, 21.5.1883 um 5 h in 88° w.L., 44° n.Br. Die Native litt nach HEINDEL an Onanie. Die dadurch bedingte Schwächung des Körpers wurde mit zur Ursache einer Lungentuberkulose.

Hier befindet sich der Mond in 23° Skorpion, ohne daß eine Erkrankung der Nase bekannt geworden ist. Hier tritt vielmehr der Charakter des Zeichens Skorpion mit seinen Entsprechungen zum Triebleben in den Vordergrund. Dabei ist zu berücksichtigen, daß Venus und Mars, die beiden "Triebplaneten", in den letzten Graden des Zeichens Widder in Konjunktion stehen. Es ist bekannt, daß die Native sehr schlechte Zeiten durchgemacht hat, mehrmals stellungslos und dem Hungertode nahe war. Diese Umstände standen natürlich im Kontrast zu der angeborenen Triebhaftigkeit. Die krankhafte Verirrung im Liebesleben kann in Verbindung gebracht werden mit MC = Venus/Neptun. Als Dispositionen für Krankheiten kommen noch in Betracht Sonne in Konjunktion mit Saturn und Pluto zwischen 29° Stier und 0° Zwillinge, Mond Opposition Neptun, Mond = Saturn/Neptun = Neptun/Pluto = Sonne/Neptun.

107) Männl. Geburt, 27.11.1867. Nach HEINDEL litt der Mann an Hömorrhoiden. Saturn in 27° Skorpion zeigt die Entsprechung zum After. Dabei spricht aber auch das Quadrat des Saturn zu Jupiter in 29°34' Wassermann viel mit, weil diese Konstellation auf Störungen in den Galle- und Leberfunktionen hinweist, die mit als Ursache für die Verstopfung und die sich daraus ergebenden Hämorrhoiden angesehen werden können.

DAS ZEICHEN SCHÜTZE

108) Männl. Geburt, 22.11.1853 um 5h40m in 53°23' n.Br., 12°05' w.L. - Aus einer Spina bifida (angeborene Spaltbildung der Wirbelsäule) entwickelte sich nach DÄÄTH ein Hüftleiden. Die Sonne befindet sich in 0°23' Schütze, Merkur in 26°37' und Jupiter in 28° Schütze.

109) Männl. Geburt, 8.1.1864 (siehe auch Nr. 92), hat nach HEINDEL die Venus in 2°53' Schütze, Mars in 15°54' und AS in 26°51' Schütze. Bemerkenswert ist auch Sonne 17°26' Steinbock Quadrat Saturn 17°46' Waage (Nierenkranker) und Mond 5°16' Steinbock Quadrat Neptun 3°28' Widder (zeitweilige Bewußtseinsstörungen). Dieser Mann hat bereits "unzählige Eisenbahnunglücke, Autounfälle und Stürze gehabt, die ihn immer an die Schwelle des Todes führten. Der wohltätige Jupitereinfluß hat ihn bisher davor bewahrt, Hals und Beine zu brechen". (Jupiter-60-Sonne)

In diesem Falle hat sich also die Anlage zu Nierenleiden im Kosmogramm ausgelöst, während die Positionen im Zeichen Schütze trotz der Häufigkeit der Unfälle zu keinem Schaden führten.

110) Männl. Geburt, 3.12.1868 um 20h30m in 41°52' n.Br., 87°35' w.L., hatte nach DÄÄTH ein Hüftleiden. Es befindet sich Saturn in 8°41', Sonne 12°12' Schütze, also in Konjunktion.

111) Ein am 3.11.1891 Geborener verlor in jungen Jahren ein Bein durch Amputation auf Grund einer Verletzung mit nachfolgender Entzündung und Vergiftung. Der Mond stand Anfang Schütze in Opposition zu Neptun 8°22' Zwillinge im Quadrat zu Jupiter in 8°08' Fische. (SURYA)

112) Männl. Geburt, 17.3.1901 vormittags, hatte in den Jugendjahren nach SURYA unter Gelenkrheumatismus zu leiden. Hier stand Uranus 16°53' Schütze im Quadrat zu Venus in 14°47' Fische. Die Disposition zu Krankheiten ist aber auch gegeben durch Sonne 25° Fische Quadrat Neptun 26° Zwillinge.

113) Weibl. Geburt, 15.9.1858 (Abb. 14), hat viele Arm- und Beinbrüche erlebt (nach HEINDEL). Hier ist es aber notwendig, das vollständige Kosmogramm zu betrachten, um zu erkennen, daß die Ursachen nicht allein in einer Disposition zu Unfällen liegen, sondern an sich eine schwache Konstitution vorliegt, wie sie besonders durch Sonne Opposition Neptun gegeben ist (siehe auch Nr. 112).

Abb. 14 zu Beispiel Nr. 113
Weibliche Geburt am 15. September 1858
Krankheit: **Arm- und Beinbrüche**

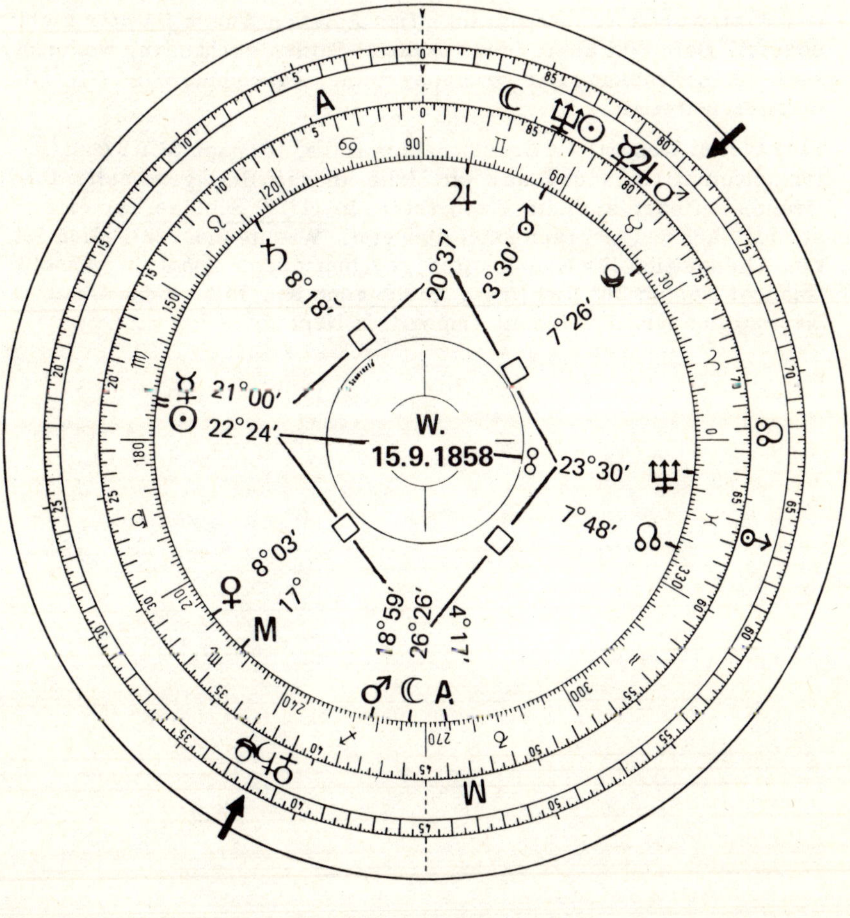

Der Mars in 19° Schütze entspricht vornehmlich dem Bereich des Oberschenkels, deutet aber die Unfallgefahren auch an durch Mars Quadrat Sonne mit Merkur Quadrat Neptun und Opposition Jupiter. Man braucht dabei nur den 90°-Kreis rechts oben mit der Häufung von 6 Gestirnen zu betrachten und dazu gegenüber unten links nochmals eine Häufung von Saturn, Venus und Pluto.

Die Frau war auch nierenkrank. Das Zeichen Waage ist hier nicht besetzt. Dafür ist aber Venus Quadrat Saturn vorhanden, wodurch auch auf Erkrankung der Drüsensysteme, insbesondere der Nieren, hingewiesen wird.

114) Weibl. Geburt, 19.3.1902 nachmittags, litt nach SURYA an Gelenkrheumatismus und war ein Jahr an das Bett gefesselt. Der Uranus befindet sich im Geburtsbild in 21°16' Schütze, wo er besonders auf den Oberschenkel hinweist. Wie in anderen Fällen ist eine Disposition für Krankheiten gegeben durch Sonne 28° Fische Quadrat Neptun 28° Zwillinge. Siehe auch Nr. 112 (Sonne Quadrat Neptun) und Nr. 113 (Sonne Opposition Neptun).

Abb. 15 zu Beispiel Nr. 115
Männliche Geburt am 8.1.1894 um 12 h in Reimberg/Luxemburg
Krankheit: **Gelenktuberkulose am rechten Knie**

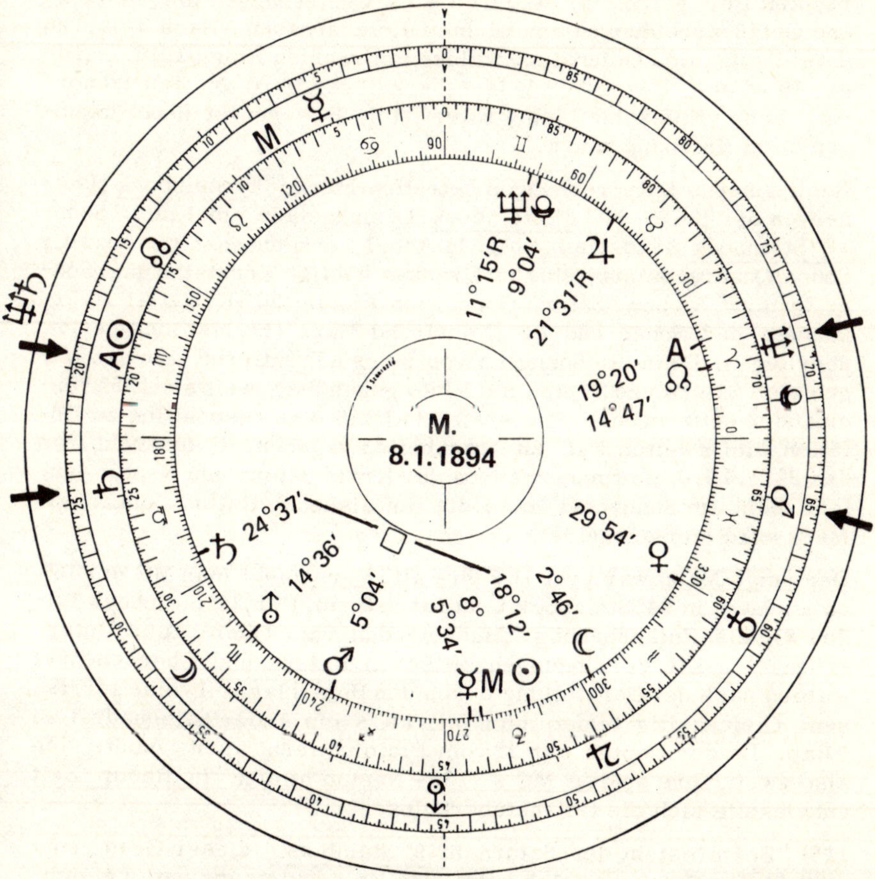

115) Männl. Geburt, 8.1.1894 um 12 h mittags zu Reimberg/Kanton Redingen (Luxemburg), mitgeteilt von HENTGES in dem Buche von FEERHOW. Am 22.1.1910 wurde dieser Mann vom Pferdehuf am rechten Bein getroffen, wodurch sich Quetschungen mit Gewebs- und Gefäßzerreißungen am rechten Knie ergaben. Nach 2 Jahren entwickelte sich Gelenktuberkulose am rechten Knie, 1913 heilte der Herd aus, Dezember 1914 tuberkulöser Herd am Gelenkknorren, in der Kniekehle kleine Eiterfistel, Bewegungseinschränkungen beim Kniebeugen u.a.

Nach unseren Entsprechungen betreffen Merkur 5° Steinbock Hautnerven der Knie, MC 8° Steinbock Lymphgefäße am Knie, Sonne 18° Steinbock Bänder am Knie. In Abb. 15 erkennt man gleichzeitig Sonne Quadrat Saturn, eine bei Kranken häufige Konstellation, Sonne Quadrat AS bzw. Saturn Opposition AS. Im 90°-Kreis ist zu erkennen, daß Sonne und AS (links) und Mars (rechts) sich gegenüberliegen. Denn die Sonne ist von Mars 45° entfernt. Ebenso liegen sich Saturn und Neptun mit Pluto gegenüber, weil sie 135° voneinander entfernt sind. Im ersten Fall ist eine Disposition zu Unfällen, im zweiten Fall zu Krankheiten gegeben. Untersucht man den 22.1.1910, so findet man im 90°-Kreis Saturn und Neptun laufend dicht am Sonnenort, d.h. die Unfallskonstellation Sonne -45- Mars wird hier ausgelöst.

Der junge Mann war erst 16 Jahre alt. Verschiebt man MC um 16°, so ist MC s in 24° Steinbock Quadrat Saturn. Für 24° Steinbock finden wir als Entsprechung "Muskelenden vom Ober- zum Unterschenkel". Die Verbindungen zwischen Unter- und Oberschenkel wurden nach der Darstellung durch den Hufschlag teilweise zerrissen. Gleichzeitig bildete sich mit MC s ein Anderthalbquadrat zu Pluto. Da der Neptun nur 2° vom Pluto entfernt steht, mußte sich also zwei Jahre später MC s -135- Neptun bilden. In dieser Zeit entwickelte sich die Gelenktuberkulose.

116) "Bei mir steht der Saturn in 9° Steinbock; dieser Grad entspricht den Knievenen. Ich hatte eine Knieverletzung unter gleichzeitiger Verletzung der Knienerven." (A. M., Essen)

117) Bei starker Besetzung des Zeichens Steinbock wurden sehr häufig Knieverletzungen festgestellt. In einem Fall steht der Saturn in 12° Steinbock. Wenn der Betreffende einen kleinen Unfall erlebt,

sich stößt oder verletzt, so wird auch immer das Knie mit betroffen.

118) Der Sohn von Nr. 117 hat den Aszendenten in 11° Steinbock liegen. Auch bei ihm haben sich häufig Knieverletzungen eingestellt.

119) Dr. A.R., geb. 27.1.1911, teilt mit: In meinem Kosmogramm steht Merkur in 12° Steinbock, das Kniegelenk betreffend. Ich habe häufige Verletzungen und Anboxen der Knie erlebt. In der Jugend habe ich mir beim Hochsprung das linke Knie ausgerenkt, hatte noch viele Jahre Beschwerden.

120) Männl. Geburt, 3.10.1908 um 5 h 30 m. Der Uranus befindet sich in 13° Steinbock (linkes Kniegelenk). Der Betreffende erhielt eine Schußverletzung am linken Knie.

121) "Hinsichtlich der 'Anatomischen Entsprechungen' ist es wie so oft: Es stimmt, und es stimmt wieder nicht. Manchmal freilich stimmt es ganz verblüffend. Man müßte dieses Problem nicht nur negativ, sondern auch positiv beobachten. Man dürfte nicht nur, wie bisher, durch ungünstige planetare Besetzung hervorgerufene Organe oder Körperteile beobachten, sondern auch die Ursachen besonders gut gestellter Teile untersuchen. Außer einer recht guten Konstitution, die mich das 39. Lebensjahr in guter Verfassung vollenden ließ, habe ich ein besonders kräftiges und gesundes, übrigens anatomisch wohlgeformtes Gebiß. Meine Zähne erregen die Bewunderung eines jeden Zahnarztes. Jedoch sind die Grade 23-25 Stier unbesetzt. Vielmehr habe ich das überraschend gute Gebiß von meiner Mutter geerbt, die in den betreffenden Graden sogar einen überwiegend schlecht gestellten Neptun stehen hat. Man merkt, die Vererbung darf keinesfalls außer acht gelassen werden. (In unseren kosmobiologischen Büchern und Aufsätzen haben wir immer wieder betont, daß die Gestirne nur als ein Faktor angesehen werden dürfen neben anderen Faktoren, zu denen auch die Vererbung gehört. Nur steht uns in den wenigsten Fällen das Material zur Verfügung, um auch die "kosmische Vererbung" einzubeziehen. R.E.)

Was die negative Seite anbetrifft, so habe ich bei Krankheiten und Unfällen, besonders beim Sport, immer wieder zum Teil schwere Knieverletzungen gehabt: Blut- und Wassererguß, Bänderriß, Knochenhautverletzung, ja bei Unfällen losgelöste Knochensplitter im

Kniegelenk. Eine fatale Achse Mars 25°50' Krebs Opposition Uranus 24°31' Steinbock scheint mich dafür prädestiniert zu haben. 25-26° Steinbock: Verbindung zwischen den Schenkeln ist also nicht ganz genau getroffen, weist aber immerhin auf das Knie hin." (12.6.1910) (L.B., Grünau)

122) "Ich habe nach Ihren 'Anatomischen Entsprechungen' Untersuchungen angestellt mit folgendem Resultat: Ich habe nach einer schweren Flecktyphus-Erkrankung immer noch an starken Schmerzen des rechten Wadenmuskels zu leiden. In meinem Radixbild steht Mars 23° Jungfrau im Trigon zu Saturn 24° Steinbock. Bei Beginn der Krankheit, Februar 1945, ging der laufende Jupiter über Mars r, während der laufende Mars in Konjunktion mit Saturn stand. Gleichzeitig bildete Jupiter laufend Konjunktion Mars r ein Quadrat zu Uranus 20° Schütze. Jungfrau deutet an sich auf die Verdauungsorgane, während Mars für die stark auftretende Fieberperiode mit verantwortlich ist, deren Länge über die normale Zeit hinaus der Saturn veranlaßte. Saturn in 24° Steinbock betrifft die Muskelenden vom Ober- zum Unterschenkel, ein Quadrat des Uranus fällt auf 20° Fische = rechter Wadenbeinmuskel. Erstaunlich finde ich die Übereinstimmung der Angaben mit meiner Krankheit, die als Typhus begann und im Wadenmuskel ihre Beendigung fand. Obwohl ich mich viel mit Astromedizin befasse, ist mir eine solch genaue Feststellung noch nicht vorgekommen. (4.12.1902)

123) In einem Falle stehen Mars und Sonne in 25° Steinbock. Hier ergab sich durch einen Radunfall ein Bluterguß dicht unter dem Knie, der nach vielen Jahren noch sichtbar blieb.

DAS ZEICHEN WASSERMANN

124) Männl. Geburt, 5.8.1913 um 10h 30m in 47°43' n.Br., 10°19' w.L. Der Native litt im Mai 1941 an Pyodermien (Vereiterungen) an beiden Unterschenkeln. Am 5.8.1943 wurde er durch Granatsplitter am rechten Unterarm verwundet. Der Uranus steht im Geburtsbild in 5°17' Wassermann (Wadenbeinnerv). Diese Uranusstellung haben viele Menschen, die im gleichen Jahr geboren wurden. Im 90°-Kreis ergibt sich aber folgendes Planetenbild: (Abb. 16)

Uranus
Sonne .... Neptun
Saturn .... Mond

Die Halbsumme Sonne/Neptun gibt an sich eine Disposition für Empfindlichkeit, Schwäche, Krankheit, insbesondere auch Geschwülste und Vereiterungen. Mond/Saturn ist mehrfach festgestellt worden bei "nässenden Wunden". Für das Alter von 28 Jahren beträgt der Sonnenbogen 26°42'. Das ist aber ungefähr die Entfernung zwischen Jupiter und Uranus, d.h. Jupiter s erreicht zur Zeit der Krankheit den Uranus r. Man müßte annehmen, daß Jupiter s über Uranus eher einer glücklichen Lebenswendung entsprechen sollte. Betrachten wir aber den Jupiter im Geburtsbild, und zwar im 90°-Kreis, so ergibt sich folgendes Strukturelement:

Jupiter
Neptun .... Mond
Uranus .... Saturn

Der Jupiter ist also ungünstig gestellt, deutet in Mond/Neptun auf eine gelähmte Durchblutung, die die Ursache für Vereiterungen sein kann, und in Saturn/Uranus auf Rhythmushemmungen und chronische Erkrankungen. Ferner kam zu dieser Zeit Pluto s in Konjunktion mit Neptun (sich langsam entwickelnde Störungen, schleichende Leiden). Dieser Neptun ist im Radixbild in der Achse Sonne/Jupiter und bedeutet eine Neigung zu "schlechtem Blut". Auch die Venus kommt 1941 vorgeschoben auf den Neptun. Da die Venus ursprünglich in der Achse Mars/Neptun steht (Infektionskrankheiten, Eiterung), so ist auch Venus s = Mars/Neptun s = Neptun r. Man erkennt also, daß nicht die Stellung des Uranus allein für die Krankheit in den Unterschenkeln verantwortlich zu machen ist, sondern daß hier noch eine Anzahl anderer Faktoren mitsprechen.

Abb. 16 zu Beispiel Nr. 124
Männliche Geburt am 5.8.1913 um 10 h 30 m in 47° 43'N/10° 18'W
Krankheit: **Vereiterungen an beiden Unterschenkeln**

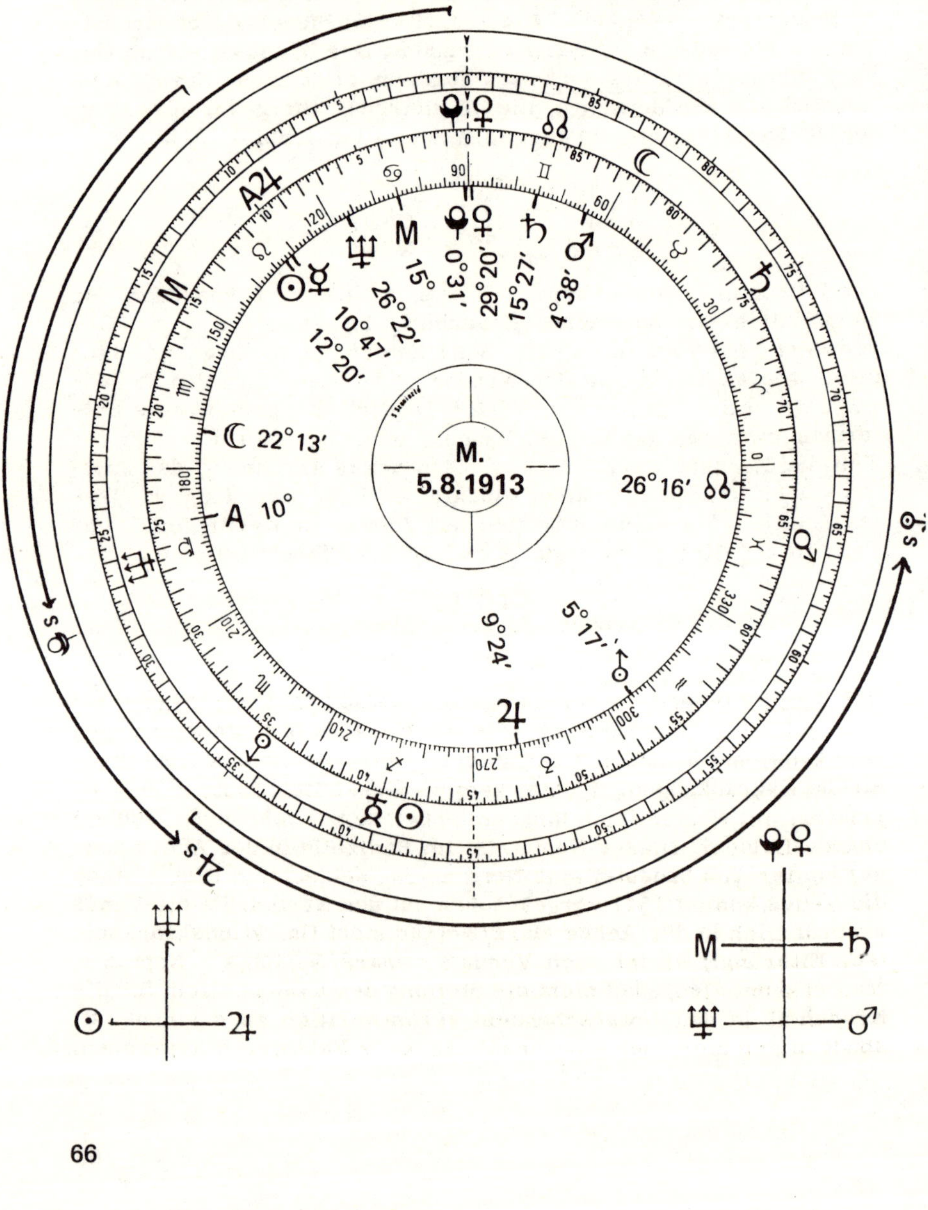

Bei der Verwundung durch Granatsplitter ist der Sonnenbogen rund 29°. Verschiebt man dementsprechend den Uranus s auf 4° Fische, so bildet er von hier aus ein Quadrat zum Mars in 4° Zwillinge. Diese Konstellation entspricht erfahrungsgemäß Verletzungen, Verwundungen, Unfällen, Operationen. Nun weist aber 4° Zwillinge auf die Lunge und nicht auf die Arme. Man kann also nicht immer auf die Gradentsprechungen bauen. Am Tage der Verwundung stand Saturn laufend in 22° Zwillinge, die die Oberarme betreffen, im Quadrat zum Mond des Geburtsbildes.

125) Ein am 9.1.1884 Geborener kam unter einen Lastwagen und brach beide Beine. In seinem Geburtsbild stand der Merkur in 6° und Venus in 15° Wassermann. Die Sonne befand sich in 19° Steinbock (Knie).

126) Bei einem Mann, in dessen Geburtsbild die Venus in 8° Wassermann (Unterschenkelvene) stand, entwickelte sich durch Überanstrengung und Fußverstauchung bei Gartenarbeiten eine Venenentzündung, an der er Jahrzehnte zu leiden hatte. Auch die Sonne in 26° Wassermann (Wadenbein) ist in diesem Fall bezeichnend. Bereits als Kind blieb er beim Übersteigen eines Eisenzaunes mit scharfen Spitzen an einer Eisenspitze hängen, die in das Wadenbein eindrang. Obwohl nur eine Fleischwunde, blieb die Narbe auch noch beim Erwachsenen sichtbar.

127) Weibl. Geburt, 27.8.1902 um 4 h 15 m MEZ, Berlin, AS 22°59' Löwe, MC 8°58' Stier. - Seit Jahren leidet die Geborene an starken Stauungsstörungen der linken Unterschenkelvene (starke Krampfadern mit Knoten, oft Entzündungen). Von den Ärzten als hoffnungsloser Fall aufgegeben. - Venus steht in 8°57' Löwe, in exakter Opposition zu 8° Wassermann. Dieser Grad wird in den "Anatomischen Entsprechungen" als maßgeblich für die linke Unterschenkelvene bezeichnet. In 9°41' Wassermann steht Jupiter rückläufig (somit Venus Opposition Jupiter) = Zellenerweiterung, - hier der Unterschenkelvene. Der 8. Grad Löwe wird als "untere Hohlvene" des Herzens, der 9. Grad als "obere Hohlvene" bezeichnet. In dem 8. Grad Löwe steht Venus, in den 9. Grad fällt die Opposition von Jupiter. Es liegt bei der Patientin eine Herzerweiterung vor, flacher Puls, Kreislaufstörungen (Unterdruck). Hier dürfte die Ursache zu den Störungen im Unterschenkel zu suchen sein. Diese Untersuchung bestätigt die "Anatomischen Entsprechungen". (Mitgeteilt von H. GENUIT, 10.3.1959)

128) Blutstauungen in den unteren Extremitäten, Ader- und Krampfbeine sind nach HEINDEL bezeichnend für eine weibliche Nativität vom 27.2.1866. Mars befindet sich in 11° Wassermann im Quadrat zu Saturn in 12° Skorpion. Der Mond in 28° Löwe zeigt eine Opposition zu 28° Wassermann (Schienbein).

129) Ein am 5.2.1917 geborenes Kind litt an einer schweren Rachitis (sog. Englische Krankheit, mangelnde Verkalkung der Knorpel führt zu Knochenveränderungen u.a.). Im Geburtsbild stehen Sonne in 16°, Mars in 19°, Uranus in 21° Wassermann. Es sind also die Grade besetzt, die in unserer Tabelle auf das Nervensystem hinweisen. (E.E.) In diesem Falle sind aber auch folgende Krankheitsdispositionen zu beachten: Saturn 25° Krebs Opposition Venus 26° Steinbock Quadrat Jupiter 29° Widder.

130) Eine am 27.12.1902 Geborene litt an einer Rückgratverkrümmung und mußte über ein Jahr in Gips liegen. Der Jupiter in 17° Wassermann weist auf das Nervensystem im Rückenmark hin. Dabei sind auch weitere Krankheitsdispositionen gegeben durch Sonne 5° Steinbock Opposition Neptun 2° Krebs Quadrat Mars 3° Waage. (Sonne-Neptun-Konstellationen siehe u.a. auch Nr. 112 und 113.)

131) Ein Landwirt, geb. 12.3.1866 um 4 h zu Kayl bei Esch/Luxemburg, erlebte am 8.2.1910 um 13 h 30 m einen Sturz vom Pferd. Fraktur des linken Schien- und Wadenbeins. (Bericht von HENTGES durch Dr. med. FEERHOW). Obwohl der Mars in 19°02' Wassermann steht und eigentlich eine Entsprechung zum Rückenmark aufweisen sollte, trifft die allgemeine Entsprechung Wassermann = Unterschenkel besser zu. Der Mars befindet sich im Quadrat zum MC. Es ist nun bemerkenswert, daß am Tage des Unfalls die Sonne laufend in 19° Wassermann, gradgenau in Konjunktion mit Mars stand. Der Saturn, der immer als Hemmungsfaktor angesehen wird, befand sich in 19° Widder im Quadrat zum Aszendenten. Für einen Unfall bezeichnend ist außerdem Uranus s 13°08' Löwe im Quadrat zu Pluto. Diese Direktion ist an sich überschritten, kann aber mit einem Orbis von ca. 1/2° noch als wirksam angesehen werden. (Abb.17)

132) Weibl. Geburt, 31.12.1864 um Mitternacht (24 h) in 58°28' n. Br. /7° w. L. - Nach Dr. med. DÄÄTH treten Krampfadern an den unteren Gliedmaßen auf, wenn Venus oder Mond (oder beide) im Wassermann, mehr oder weniger "verletzt", stehen, besonders, wenn Mars "stark" gestellt ist. Mit diesem Geburtsbild führt er ein Beispiel an, in dem Mond und Venus zusammen in ca. 20° Wassermann

Abb. 17 zu Beispiel Nr. 131
Männliche Geburt am 12.3.1866 um 4 h in Kayl bei Esch/Lux.
Krankheit: **Fraktur des linken Schienbeins**

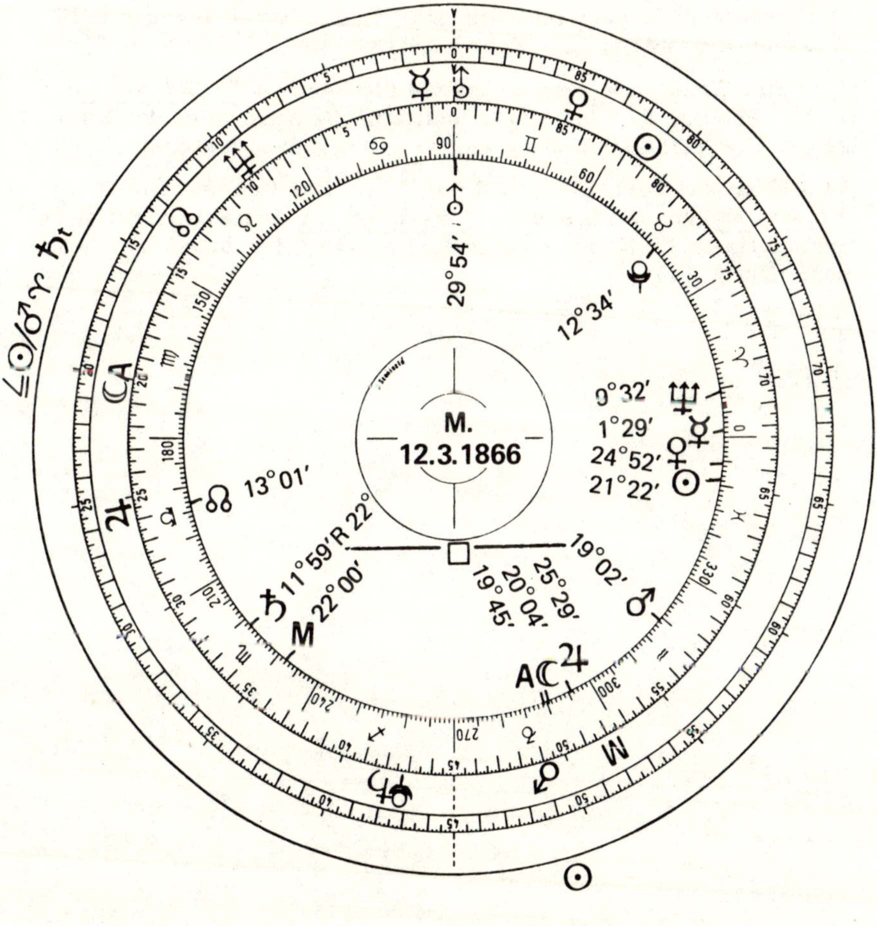

stehen. Dieser Grad betrifft also hier nicht den Bereich des Rükkenmarks, sondern auch die Unterschenkel allgemein. Das von DÄATH angeführte "angenäherte Quadrat des Mars" (1° Zwillinge) zu Venus und Mond können wir heute mit einem solch weiten Orbis nicht mehr anerkennen. Dagegen müssen wir als Disposition für eine Krankheit erkennen: Sonne 10° Steinbock Quadrat Neptun 6° Widder, dabei Neptun im Halbquadrat zu Mond und Venus in 20° Wassermann. (Siehe auch Nr. 112, 113, 130)

133) Eine Frau, in deren Geburtsbild die Venus in 26° Wassermann steht, verletzte sich bei einem Radunfall die Wade unter der Kniekehle. Die Narbe blieb erhalten. 26° betrifft das Wadenbein.

134) Männl. Geburt, 22.2.1932 um 17 h. - Das Kosmogramm zeigt Mars in 28° und Merkur in 29° Wassermann (rechtes und linkes Schienbein). Dem Nativen wurde ein Bein am Schienbein abgeschossen. (Dr. A.R.)

Abb. 18 zu Beispiel Nr. 138
Männliche Geburt am 14. Juni 1862
Krankheit: **Fußleiden**

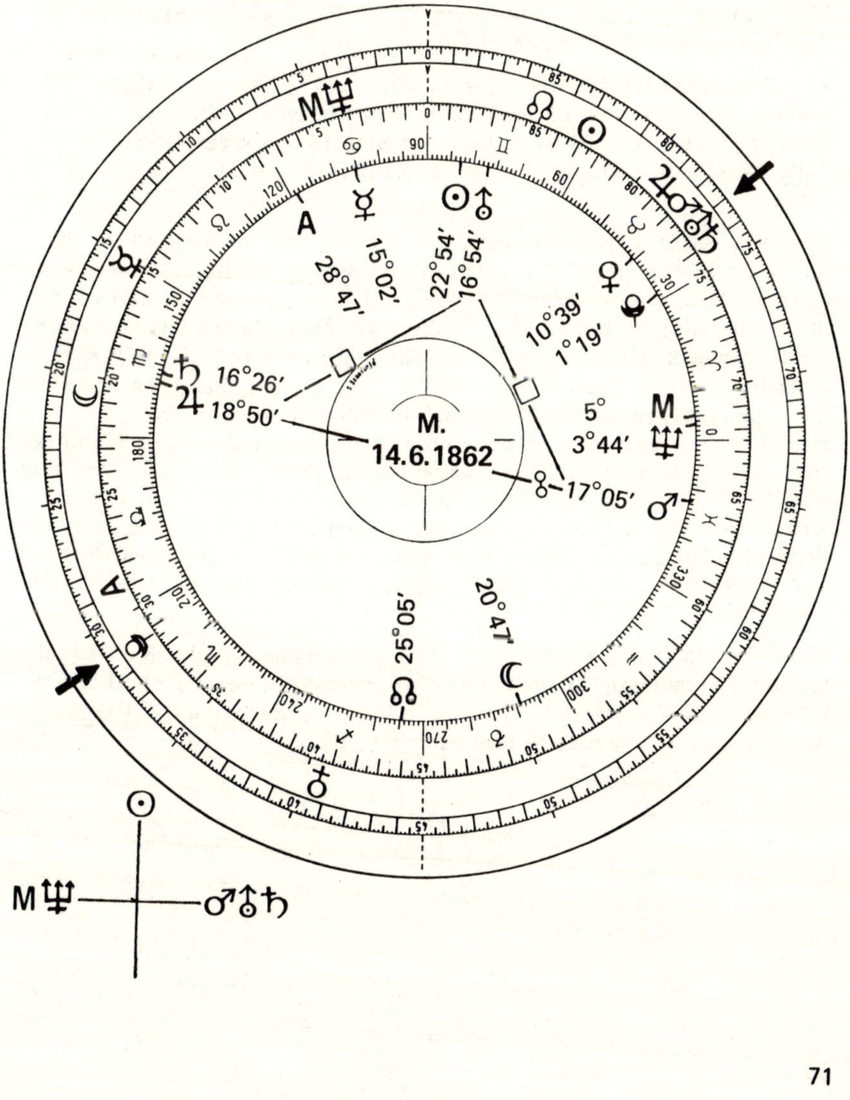

DAS ZEICHEN FISCHE

135) Männl. Geburt, 6.1.1921 um 12h 30m. - Nach Dr. A.R. erhielt die Native einen Schuß durch die rechte Ferse. In dem Geburtsbild steht Mars in 1° Fische (Fersenbein) in Konjunktion mit Uranus in 3° Fische (rechte Fußnerven).

136) Ein am 8.3.1923 Geborener verlor durch Erfrieren beide Füße. Uranus stand bei der Geburt in 13° und Sonne in 17° Fische.

137) Ein junger Handwerker, geb. 20.5.1906, litt nach SURYA jahrelang an Schmerzen in den Füßen (Plattfußanlage!) und wurde deshalb operiert. Der Saturn befindet sich im Geburtsbild in 14° Fische im Quadrat zu Jupiter in 14° Zwillinge und Mars in 15° Zwillinge.

138) Ein Küchenmeister, geb. 14.6.1862, litt seinem Beruf entsprechend nach HEINDEL nicht nur an einem kranken Magen, sondern auch an entzündeten und geschwollenen Füßen durch das lange Stehen am Küchenherd. Hier finden wir eine ähnliche Gestirnverbindung wie in Nr. 137. In Abb. 18 erkennt man Mars in 17° Fische in Opposition zu Jupiter und Saturn im Zeichen Jungfrau und ferner Quadrat Uranus im Zeichen Zwillinge. Außerdem befindet sich im 90°-Kreis der Pluto links unten außen gegenüber dem Komplex oben rechts außen; er bildet nämlich ein Halbquadrat zu Mars und Uranus und steht außerdem in der Halbsumme Mars/Uranus. Eine Krankheitsdisposition ist außerdem gegeben durch die Stellung der Sonne im 90°-Kreis fast in der Mitte zwischen Neptun und MC auf der linken und dem Komplex Saturn, Uranus, Mars auf der rechten Seite.

139) Wie Fall 123 ergibt, litt der Betreffende nach einer Flecktyphus-Erkrankung an starken Schmerzen im rechten Wadenbeinmuskel. Ein Quadrat des Uranus in 20° Schütze fällt auf 20° Fische, das den rechten Wadenbeinmuskel betrifft.

DIE ANATOMISCHEN ENTSPRECHUNGEN DER TIERKREISGRADE

Widder	Beispiele
1° Großhirn	1
2° Mittelhirn	1
3° Kleinhirn (Abzesse) +)	1, 109
4° Zirbeldrüse (Kropf)	1
5° rechtes und linkes Auge (Haare)	1, 91
6° Augenhöhlen	132
7° Ohren	
8° Jochbein	87
9° Augenlinsen	
10° Augapfel	
11° Sehnerv	
12° Zunge (Haare)	2
13° Gehirnkammern	
14° Stirnlappen	
15° Seitenlappen (Selbstmord, Schlaganfälle)	
16° Varolsbrücke	
17° Rückenmarkskanal	3, 4
18° Nervenverbindungen	
19° Gehirnbalken	4, 5, 131
20° Zungenbein	
21° Augenmuskeln (Abzesse)	
22° Backenmuskeln	
23° Kaumuskeln	6
24° Jochbeinmuskeln	5
25° Kopfnicker	
26° Schädelknochen	
27° vorderes Gewölbe (Schwindsucht)	
28° mittleres und hinteres Gewölbe (Haare	7, 9
29° Gehörgang (Bronchitis)	7, 129
30° Ohrspeicheldrüse	7, 8

+) Die eingeklammerten Hinweise ergeben sich nach CARTER. Sie scheinen aber nicht die Anzahl von Bestätigungen zu ergeben wie die anderen Entsprechungen.

Stier

0°	Kehle	10, 11
1°	Gaumen	96
2°	Rachenmündung	
3°	Zäpfchen	
4°	Rachenkehlkopfraum	12
5°	Kehlkopf	96
6°	Stimmbänder	13
7°	Halsnerven	13
8°	Drosselvenen	
9°	Halsvenen (Alkoholismus)	
10°	Halsnerven in (Neurasthenie)	
11°	Verbindung	
12°	mit dem	
13°	Rückenmark	
14°	wahre Stimmbänder	
15°	Kehldeckel	98
16°	Halsschlagader (Abzesse)	
17°	Schilddrüse und Mandeln	14, 15, 16
18°	Lymphgefäße (Blinddarm, Haare)	17, 18
19°	Kiefernarterie	18, 99
20°	Hinterhauptbein (Kropf)	17, 96
21°	Nasenhöhlartierie	
22°	Zungenmuskel	
23°	Zähne (Rheumatismus)	19, 122
24°	Oberkiefer	20, 21, 22, 122
25°	Unterkiefer (Alkoholismus, Selbstmord) (Mandeln, Drüsen)	122
26°	Nasenbein	23, 24, 53, 96
27°	1. Halswirbel	25, 26
28°	dreieckiger Muskel	26
29°	und Haupthalsmuskel (Gesichtssinn)	106
30°	Kappenmuskel	106

Zwillinge

Krebs

1°	Sechste Rippe	41
2°	Siebente Rippe	41, 130
3°	Achte Rippe (Gesichtssinn)	41
4°	Neunte Rippe	41
5°	10. - 12. Rippe	
6°	Zwerchfell	
7°	Brustkorbkanal	
8°	Speiseröhreneingang (Paralyse)	
9°	Magenpförtner	
10°	Magengrund	42
11°	Magenvenen (Alkoholismus	
12°	Große Magenkrümmung	43
13°	Kleine Magenkrümmung	
14°	Magenwände	
15°	Magennerven (Selbstmord)	44, 45
16°	Bauchspeicheldrüse	46, 63
17°	Eingang der Bauchspeicheldrüse	
18°	in den Magen	47
19°	Bauchspeicheldrüsenknopf, vielleicht auch Galle	48, 49
20°	Oberer Arterienbogen	68
21°	Unterer Arterienbogen	43, 68
22°	Magenschleimhäute	
23°	Magenblutgefäße	43
24°	Blutgefäße der	
25°	Verdauungsorgane	129
26°	Brustdrüsen	122
27°	Brustwarzen	
28°	Rippenknorpel (Haare)	
29°	Milz (Bronchitis)	
30°	12. Brustwirbel	

Löwe

1°	linke Kranzarterie	50, 51
2°	Aorta	
3°	rechte Arterie	52
4°	linke Arterie carotis	
5°	rechte Arterie carotis	95
6°	Eingang der Lungenarterie (Gesichtssinn)	
7°	linke Kranzvene	
8°	untere Hohlvene (Blutarmut, Gehörsinn)	
9°	obere Hohlvene (Alkoholismus)	52, 53, 54, 127
10°	Drosselvene	53
11°	Schlüsselbeinvene	
12°	Wirbelsäule	
13°	rechte Herzkammer	131
14°	linke Herzkammer	53
15°	rechter Vorhof	54
16°	linker Vorhof	
17°	rechtes Herzohr	
18°	rechte Herzhöhle	55
19°	Herzscheidewand (Rückgrat)	56
20°	zweizipfelige Klappe	51
21°	linker Vorhof	
22°	linkes Herzohr (Blinddarm)	87
23°	linkes Herzohr (Rheumatismus)	27, 58
24°	Papillarmuskel	27, 55, 58, 105
25°	Herzbeutel (Alkoholismus, Abzesse)	57
26°	Herzmuskel	56, 59
27°	Sehnen zu den (Kropf)	54, 56
28°	Herzklappen	27, 58, 128
29°	Fleischbalken (Neuritis)	
30°	Rücken	

Jungfrau

1° Zwölffingerdarm	
2° Dünndarm	
3° Blinddarm (Blinddarm)	
4° aufst. Dickdarm (Asthma)	60, 61
5° Querast-Dickdarm	
6° abst. Dickdarm	27, 65, 68
7° Mastdarm	27, 65, 70
8° Bauchhöhle	62, 63, 64, 66
9° rechter Leberlappen (Rheumat. Fieber)	
10° linker Leberlappen, Galle (Typhöses Fieber)	67, 69
11° Leberkranzband und Galle	71
12° Bauchaorta	
13° Leberarterien	
14° Gallenblasenarterie	69, 81
15° Warzenhügel	72, 73
16° Leberfurche	64, 75
17° Bauchmuskeln	
18° sägef. Muskel	73, 74
19° linke Leberfurche	
20° Gallengang	73, 74, 75, 77, 83, 90
21° Gallenblasengang (Typhöses Fieber)	64, 69, 77, 80
22° Gallenblase	53, 74, 76
23° Knorpel und Sehnen (Rückgrat)	
24° der Leber	77
25° Leber (Krebs, Gicht)	64, 75, 77, 78
26° Bauchvenen (Selbstmord)	78, 79, 82
27° Hüftvenen (Akute Nierenentzündung	69, 72
28° Lebernerven (Schwindsucht)	69, 73, 79, 81
29° viereckiger Leberlappen	80
30° Lebergang	

Waage

Skorpion

1°	Harnröhre	97
2°	Harnröhrenmündung	97
3°	Prostata, Uterus	95
4°	Hoden/Gebärmutter rechts	
5°	Hoden/Gebärmutter links	96
6°	rechter Nebenhoden/Gebärmutterhöhle	
7°	linker Nebenhoden/Eileiter rechts	
8°	Hodensack /Eileiter links	
9°	Samenleiter/Scheide (Alkoholismus)	
10°	Schwellkörper (Neurasthenie)	52
11°	Männl. Glied/Schamlippe	
12°	Samenbläschen	97, 128
13°	Eichel/kleine Schamlippe	97
14°	Vorhaut	102
15°	Cowper Drüsen	98
16°	Schneckenkopf/rechter Eierstock (Abzesse)	100
17°	Hodenlappen/linker Eierstock	99, 102, 103
18°	Hodengang/Scheidenklappe (Blinddarm, Haare)	100, 101
19°	Hallers Netz/Mutterbänder	
20°	Gewebe der Glieder, Bartholin Drüse (Kropf)	
21°	Keilbeinhöhle, Sehnen	
22°	Siebbein und Bänder	
23°	Nasenbein/Fransen am Ende des Eileiters (Rheumatismus	104, 106
24°	Nasenscheidewand	105
25°	Steißbein des Eileiters (Alkoholismus, Selbstmord, Mandeln, Drüsen)	97
26°	Perineum (Damm)	
27°	After	107
28°	Schleimhäute	
29°	Pflugscharbein	
30°	Nasenmuskeln	

Schütze

1°	Beckenknochen	108
2°	Hüftbein	
3°	Sitzbein	109
4°	Oberschenkel	
5°	rechte große Oberschenkelarterie (Haare)	
6°	linke große Oberschenkelarterie (Angstzustände)	
7°	rechte äußere Oberschenkelarterie (Herz)	111
8°	linke äußere Oberschenkelarterie (Gesichtssinn)	110
9°	rechte Lymphgefäße (Rheumatisches Fieber)	
9°	= Antares: Augenkrankheiten	
10°	linke Lymphgefäße (Typhöses Fieber)	
11°	Anzieher des Schenkels	
12°	große Schenkelvene	110
13°	große Rosenvene (Rheumatisches Fieber)	
14°	Hautvenen des Oberschenkels	
15°	rechte Hüftvenen	
16°	linke Hüftvenen	34, 109
17°	Ischiasnerv	112
18°	rechter Oberschenkelkreiser (Asthma)	
19°	linker Oberschenkelkreiser	113
20°	rechter Oberschenkelknopf	139
21°	linker Oberschenkelknopf (Typhöses Fieber)	114
22°	rechter Rollhügel (Wahnsinn, Blinddarmentzündung)	
23°	linker Rollhügel (Rückgrat)	
24°	Kniekehlengrube	
25°	rechter Knorren (Neurasthenie, Gicht)	
26°	linker Knorren (Selbstmord)	108
27°	Gesäßmuskeln	40, 72, 109
28°	rechter Schenkelmuskel (Schwindsucht)	38, 108
29°	linker Schenkelmuskel	
30°	birnf. Muskel	

Steinbock

1° Kniescheibe rechts	
2° Kniescheibe links	
3° Hautnerven der Oberschenkel (Gesichtssinn)	
4° Hautnerven der Unterschenkel	
5° Hautnerven der Knie	109, 115, 130
6° rechter Schenkelanzieher	
7° linker Schenkelanzieher	
8° Lymphgefäße (Paralyse)	115
9° Knienerven	116
10° rechtes Kniekreuzband	132
11° linkes Kniekreuzband	118
12° rechtes Kniegelenk	117, 119
13° linkes Kniegelenk	120
14° rechter Knorpel	
15° linker Knorpel (Selbstmord)	
16° rechter Knorren	
17° linker Knorren	109
18° rechte Bänder	92, 115
19° linke Bänder	125
20° rechte Sehnen	
21° linke Sehnen	
22° Muskelenden vom	
23° Ober- zum	
24° Unterschenkel	115, 121, 122
25° Verbindungen zwischen	123
26° den Schenkeln	129
27° tiefliegende Nerven	
28° rechte Kniearterie (Haare)	
29° linke Kniearterie (Bronchitis)	
30° Schenkelanzieher (?)	

Wassermann

Fische

1° rechtes Fersenbein	135
2° linkes Fersenbein	
3° rechte Fußnerven (Blinddarm)	135
4° linke Fußnerven (Asthma)	
5° rechtes Würfelbein	
6° linkes Würfelbein	
7° rechtes Sprungbein	
8° linkes Sprungbein	111
9° rechter Mittelfußknochen (Rheumat. Fieber)	
10° linker Mittelfußknochen (Typhöses Fieber)	69
11° Lymphgefäße	
12° rechte Fußarterie	
13° linke Fußarterie	136
14° rechte Hautvenen	137
15° linke Hautvenen	
16° rechtes Kreuzband	
17° linkes Kreuzband	112, 136, 138
18° rechter Zehenstrecker	
19° linker Zehenstrecker	
20° rechter Wadenbeinmuskel	122, 139
21° linker Wadenbeinmuskel (Typhöses Fieber)	
22° rechte Achillesferse (Wahnsinn, Blinddarmentzündung)	80
23° linke Achillesferse (Rückgrat)	101
24° rechtes Kapselgelenk	
25° linkes Kapselgelenk (Krebs, Gicht)	112
26° untere Fußnerven (Selbstmord)	
27° rechte Fußendglieder (akute Nierenentzündung)	101
28° linke Fußendglieder (Schwindsucht)	114
29° rechte Fußnägel	
30° linke Fußnägel	

GEGENSEITIGE BEZIEHUNGEN ZWISCHEN LEIBESORGANEN

In mehreren Beispielen wurde bereits die Beobachtung gemacht, daß die anatomischen Entsprechungen der Tierkreisgrade nicht allein die Grade eines Zeichens allein, sondern auch dessen Gegenzeichen oder auch in einzelnen Fällen dessen Quadratzeichen betreffen. Diese verschiedenen Zusammenhänge werden verständlich durch die Kenntnis der homologen Organe, worunter die Medizin die Organe im Körper versteht, die eine Entsprechung oder einen Zusammenhang aufweisen, z. B. Mund - Urogenitalmündung (Vagina, Uretra), Clitoris - Zunge usw. Diese Beziehungen beschrieb der französische Arzt Dr. ADRIEN PELADAN. Seine Liste wurde von Dr. DUZ und Dr. med. FEERHOW übernommen. Bei der Durchsicht der nachfolgenden Aufstellung wurde vom Verfasser festgestellt, daß in den Anatomischen Entsprechungen der Tierkreisgrade auch diese homologen Beziehungen hineingearbeitet wurden. So entspricht 2° Stier (Rachenmündung) - 2° Skorpion (Harnröhrenmündung) oder 5° Stier (Kehlkopf) - 5° Skorpion (Gebärmutter). Die nachstehenden organischen Entsprechungen sind nach oben genannten Büchern dem Alphabet nach geordnet:

Bauchspeicheldrüse - Leber
Blase - Luftröhre
Blinddarm - Magen
Blutdrüsen (Drüsen mit innerer Sekretion, Thymusdrüse - Nebennieren)
Blutdrüsen - Hypophyse
Bronchien - Harnröhre
Brustdrüsen - Ovarien (Eierstöcke)
Clitoris - Zunge
Dünndarm - Krummdarm
Eichel - Zunge
Eingeweide - Speiseröhre
Gebärmutterhals - Mandeln
Genitalorgane - Schilddrüse, innere Sekretionsdrüsen
Genitalschleimdrüsen - Mundspeicheldrüsen
Herz - Gebärmutter, Vorsteherdrüse
Hoden - Schilddrüse
Hypophyse (Hirnanhang) - Blutdrüsen bzw. Blutgefäßdrüsen (Milz, Nebennieren, Schilddrüse, Thymusdrüse), Drüsen der inneren Sekretion

Kehlkopf, Herz - Gebärmutter
Kehlkopf - Vorsteherdrüse
Kinn - Schamgegend
Kinnbart - Schamhaar
Leber - Bauchspeicheldrüse, Milz
Luftröhre - Harnleiter, Blase
Lungen - Nieren
Magen - Blinddarm
Mandeln (Halsdrüsen) - Drüsenanteil der Gebärmutter und der Vorsteherdrüse
Mastdarm - Nasenmuscheln
Milz - Leber, innere Sekretionsdrüsen
Mund - Urogenitalmündung (Vagina, Uretra)
Nasenlöcher - Mastdarm
Nebennieren - Thymusdrüse, Blutgefäßdrüsen
Nieren - Lungen
Oberlippe - Perineum (Damm)
Ovarien - Schilddrüse, Brustdrüsen
Pankreas (Bauchspeicheldrüse) - Leber
Prostata (Vorsteherdrüse) - Mandeln, Schilddrüse, Kehlkopf, Brustdrüsen
Schilddrüse - Eierstöcke, Vorsteherdrüse, Hoden, Milz, innere Sekretionsdrüsen
Uretra (Harnröhre) - Luftröhre
Ureter (Harnleiter) - Bronchien
Uterus (Gebärmutter) - Herz, Kehlkopf
Regius pubis (Schamgegend) - Kinn
Vesica (Blase) - Luftröhre
Zunge - Clitoris, Glans.

Dr. FEERHOW bemerkt, daß er für die Richtigkeit dieser Liste nicht einstehen kann. Sie kann also nur als Anregung dienen.

LOKALE EINFLÜSSE NACH CARTER

Im Vorwort seines "Astro-psychologischen Lexikon" spricht der bekannte englische Fachmann CHARLES E. O. CARTER von der "Erforschung der lokalen zodiakalen Einflüsse". "Von frühesten Tagen an wurden einzelnen Teilen des Zodiaks, die dabei meist mit Fixsternen oder Nebelflecken identifiziert wurden, eigentümliche Kräfte zugeschrieben. Mittelalterliche Schriftsteller haben ganze Listen von Graden herausgegeben, denen sie besondere Namen und Eigenschaften beilegten. Später hat ALAN LEO "Charubel" und "La Volasfera" veröffentlicht, das eine gewiß, das andere wahrscheinlich auf hellseherischen Einblicken basierend und von zweifelhaftem wissenschaftlichen Wert. Kürzlich hat in "Modern Astrology" Dr. DUNCAN MACNAUGHTON eine Reihe von Artikeln erscheinen lassen, die sich weitgehend mit dem Einfluß der Grade beschäftigen und zwar von den Gegenzeichen aus betrachtet, z.B. 0° Widder-Waage etc. Seither wird das Studium des individuellen Charakters eines jeden Grades als ein ergiebiger Boden der astrologischen Forschung angesehen."

"Meine eigenen Ergebnisse in dieser Richtung beruhen auf Eigenarbeit, obwohl angeregt durch Mr. MACNAUGHTONs wertvolles Werk. Ich bin nicht in der Lage zu sagen, ob die Einflüsse in dem Grad selbst oder aus irgendeinem anderen Grund in einer weiteren Zone des Tierkreises gelegen sind. In einigen Fällen ist die Eigentümlichkeit lokalisiert, in anderen ausgebreitet. In einigen Fällen nur von einem Grad ausgehend, in anderen von einander gegenüberliegenden Graden, einer Quadruplizität. Immerhin sind Wert und Wirklichkeit dieser lokalen Einflüsse gänzlich außer Zweifel, obwohl unsere Kenntnis derselben sozusagen noch in den Kinderschuhen steckt."

CARTER hat in seinem Verzeichnis jeweils die Gegenzeichen zusammengefaßt und außer den Entsprechungen zu Organen und Krankheiten auch solche zu Eigenschaften angeführt. Um unseren Lesern jeweils ein doppeltes Nachschlagen zu ersparen, haben wir die von CARTER angegebenen Entsprechungen zu Organen und Krankheiten unserer Tabelle in Klammern hinzugefügt. (S. 73 - 86)

Abb. 19 Die 12 Tierkreiszeichen als Regenten des Jahres und als Beherrscher der menschlichen Körperteile. Hier handelt es sich um eine der schönsten Darstellungen dieser Art. Sie stammt aus dem Stundenbuche des Herzogs von Berry.

ASTROMEDIZINISCHE ENTSPRECHUNGEN

Da in diesem Buch die ANATOMISCHEN ENTSPRECHUNGEN DER TIERKREISGRADE als Spezialgebiet behandelt werden, für das volle Verständnis der Beispiele jedoch auch die Entsprechungen der Gestirne und der Tierkreiszeichen vorausgesetzt werden müssen, werden in der folgenden Tabelle die wichtigsten Entsprechungen dieser Art nach einem früher veröffentlichten Aufsatz des Herausgebers übersichtlich dargestellt:

Gestirne	Psychologische und pathologische Entsprechungen
Sonne	Herz, Zirkulation. - Schwächezustände, Ohnmachten, Herzleiden, Augenkrankheiten, Blutkrankheiten.
Mond	Magen, Flüssigkeitshaushalt des Körpers, Blutserum, weibliche Organe. - Frauenkrankheiten, Magenkrankheiten, Gemütsleiden, Wassersucht.
Merkur	Nerven, Sinnesorgane, Atmungsorgane. - Nervenstörungen, Neurasthenie, Bronchialasthma.
Venus	Nieren, Zeugungsorgane, Hals, Rachen. - Halskrankheiten, Nierenleiden, Geschwüre, Geschwülste.
Mars	Muskeln, Sehnen (Zeugungsorgane). - Entzündungen, Fieber, Unfälle, Verletzungen, Wucherungen, Hämorrhoiden.
Jupiter	Ernährungsfunktionen, Dickenwachstum, Leber, Galle. - Blutkrankheiten, Leber- und Galleleiden, Fettansatz, Selbstvergiftung.
Saturn	Knochengerüst, Sehnen, Bänder, Haut. - Chronische Leiden, Knochenkrankheiten, Verhärtungen, Steinbildungen, Alterserscheinungen.
Uranus	Rhythmik, Hirnhaut, Hypophyse, Rückenmark. - Nervenleiden, Krampfzustände, Verletzungen, Operationen.
Neptun	Sonnengeflecht, Zirbeldrüse. - Erschlaffung von Organen, Lähmungen, Vergiftungen, eigenartige oder geheimnisvolle Krankheiten.
Pluto	Noch nicht genau erforscht, wahrscheinlich alle Verformungen, Verwachsungen, Amputationen, wobei höhere Gewalt und Kollektivgeschehen mitsprechen.

Zeichen	Primäre und sekundäre Entsprechungen Krankheiten
Widder	Kopf, Gesicht, Augen, Nerven-Nieren-Kopfschmerzen, Neuralgien, Hirnhautentzündung.
Stier	Hals, Kehle, Mandeln-Geschlechtsfunktionen, Ausscheidungsorgane-Kropf, Hals- und Mandelentzündung. - Verstopfung.
Zwillinge	Schultern, Arme, Hände-Oberschenkel-Lungenkrankheiten, nervöse Störungen.
Krebs	Magen, Brust, Bauchspeicheldrüse-Erkrankungen der Verdauungsorgane, Aufstoßen, Sodbrennen, Gemütsleiden.
Löwe	Herz, Wirbelsäule, Rückenmark-Unterschenkel. - Herzkrankheiten, Rückenmarksleiden.
Jungfrau	Verdauungsorgane, Milz, symp. Nervensystem-Füße-Darmkrankheiten, Bauchfellentzündung.
Waage	Nieren, Blase - Kopf - Nierenkrankheiten, Hautleiden, Harnkrankheiten.
Skorpion	Zeugungsorgane, Ausscheidung-Hals, Herz, Unterschenkel. - Krankheit der Zeugungs- und Ausscheidungsorgane, Nasenleiden, Venenentzündung, Infektionen.
Schütze	Hüften, Oberschenkel - Schultern, Arme - Hüftleiden, Rheuma, Lähmungen, Verletzungen.
Steinbock	Knochen, Knie, Haut-Magen-Gelenkrheuma, Magenleiden, Hautkrankheiten, Erkältungen.
Wassermann	Blutzirkulation, Unterschenkel-Herz, Rückenmark. - Krampfadern, Beingeschwüre, Venenleiden, Herzleiden, Krampfzustände.
Fische	Füße - Verdauungsorgane-Atmungsorgane-Fußkrankheiten, Verdauungsstörungen, Erkältungen, Koliken durch kalte Füße.

BEHANDELTE GEBURTSDATEN

3) 22. 2.1932
4) 4. 1.1933
7) 20. 4.1909
9) 28. 2.1956
11) 27. 1.1911
12) 14. 5.1880
14) 6. 5.1941
15) 13. 4.1934
16) 7. 5.1953
17) 9. 7.1855
19) 14. 5.1890
20) 14. 5.1880
22) 28. 4.1921
23) 17. 8.1911
24) 28. 5.1896
25) 27. 9.1886
27) 16. 8.1928
28) 13. 4.1908
29) 28. 5.1896
31) 3. 9.1883
34) 4. 1.1896
36) 14. 6.1908
39) 17. 1.1915
42) 2. 5.1907
43) 13. 7.1912
44) 19. 8.1913
47) 22. 3.1923
48) 5. 1.1887
51) 21. 7.1880
53) 15. 9.1919
54) 3.11.1918
55) 11. 8.1861
56) 8. 1.1864
59) 11. 6.1928
63) 1. 5.1921
64) 18. 9.1891
67) 19. 4.1881
68) 1. 1.1931
69) 20. 9.1891
70) 3. 9.1890
71) 4. 9.1871
72) 8. 3.1892
73) 8. 9.1927
74) 11. 9.1891
75) 8. 9.1891
76) 15. 9.1919
78) 18. 9.1895
79) 18.10.1950
80) 15. 2.1892
81) 21. 8.1876
82) 3. 5.1851
83) 12. 9.1912
84) 24. 9.1914
85) 4. 9.1871
86) 26. 7.1922
87) 17. 3.1919
88) 25.10.1833
90) 12. 9.1912
91) 19. 4.1893
92) 8. 1.1864
93) 11.10.1889
94) 11. 8.1861
95) 4.10.1872
96) 25. 4.1884
97) 5.11.1883
98) 16. 9.1896
99) 8. 5.1896
100) 27.11.1897
101) 13. 3.1849
102) 14.10.1925
103) 29. 5.1910
104) 27.11.1896
105) 14. 1.1926
106) 21. 5.1883
107) 27.11.1867
108) 22.11.1853
109) 8. 1.1864
110) 3.12.1868
111) 3. 1.1891
112) 17. 3.1901
113) 15. 9.1858
114) 19. 3.1902
115) 8. 1.1894
119) 27. 1.1911
120) 3.10.1908
121) 12. 6.1910
122) 4.12.1902
124) 5. 8.1913
125) 9. 1.1884
127) 27. 8.1902
128) 27. 2.1866
129) 5. 2.1917
130) 27.12.1902
131) 12. 3.1866
132) 31.12.1864
134) 22. 2.1932
135) 6. 1.1921
136) 8. 3.1923
137) 20. 5.1906
138) 14. 6.1862

ANHANG

DIE ENTWICKLUNG LANGWIERIGER LEIDEN

Jeder gewissenhafte Arzt oder Heilkundige wird immer mehrere Methoden anwenden, um die Ursachen von Krankheiten zu erkennen und dementsprechend die Behandlung vornehmen. Ebenso muß auch der Kosmobiologe auf mehreren Wegen versuchen, dem Kranken nicht nur zu helfen, sondern rechtzeitig eine bevorstehende Krankheit, besonders die Entstehung langwieriger oder chronischer Krankheiten, vorauszusehen, um vorbeugende Maßnahmen ergreifen zu können. Denn "Vorbeugen ist besser als heilen!", und der Sinn unserer Arbeit soll ja sein, vorauszuschauen, um unser Leben bewußt gestalten zu können und auch unseren Kindern rechtzeitig den Weg zu weisen, sofern sie für Ratschläge empfänglich sind.

Eine wichtige Methode zur Erkennung der späteren Entwicklung sind die Progressionen oder Sekundärdirektionen nach dem Schlüssel ein Tag gleich ein Jahr.

Wenn mir ein Krankheitsfall vorgelegt wird, so nehme ich immer die Ephemeride des Geburtsjahres zur Hand und kontrolliere ganz roh etwa den 30. und den 60. Tag nach der Geburt, ob sich irgendwelche Konstellationen des Geburtsbildes auslösen können. Greifen wir ein Beispiel heraus. In Abb. 5 zu Beispiel Nr. 7 handelt es sich um eine Mittelohrentzündung, die immer wieder ausgebrochen ist. Die Native wurde am 20. April 1909 geboren. Der 30. Tag nach der Geburt ist der 20. Mai. (Man kann natürlich auch jeden anderen Tag herausgreifen, aber mit 30 und 60 Tagen rechnet es sich zunächst am schnellsten.) Am 20. Mai 1909 befindet sich der Neptun in 15°08' Krebs. Im Geburtsbild stehen Neptun und Saturn im Quadrat. Im 90°-Kreis stehen sie um 15° eng beisammen. Solche engen Winkelverbindungen sind sehr häufig der Hinweis auf langwierige Leiden. Mit 32 Jahren, also dem 32. Tag nach der Geburt überschreitet Neptun in 15°10' Krebs minutengenau das Quadrat zum Saturn. Demnach ist hier die Möglichkeit einer Krankheit gegeben. Diese muß aber keineswegs den Positionen von Saturn und Neptun entsprechen, sondern die Krankheit ergibt sich jeweils dort, wo die empfindlichsten oder schwächsten Stellen des Körpers sind. Ich warne davor, jeweils voreilige Schlüsse zu ziehen und einfach zu sagen daß es sich um eine Krankheit handelt, die Kopf

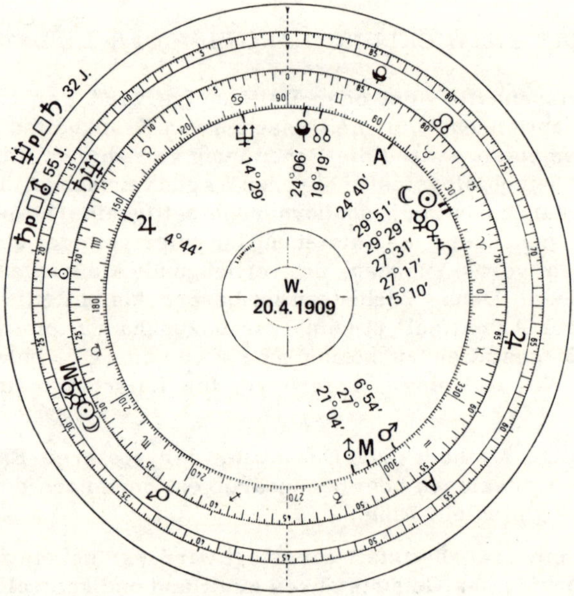

Abb. 20

und Magen betreffen muß, weil sich Saturn und Neptun in Widder und Krebs befinden. Man sollte sich zunächst damit begnügen, daß man die Möglichkeit eines anhaltenden Leidens erkennt, und muß dann erst genauere Untersuchungen anstellen, die Krankheitsgeschichte (Anamnese) studieren und natürlich auch einen Arzt oder Heilkundigen zurate ziehen.

Der Uranus hat am 20. Mai in 20°50' Steinbock keine genaue Winkelverbindung mit anderen Faktoren. Der Saturn befindet sich in 18°41' Widder. Wir sehen hierbei, daß er auf das Quadrat des Uranus zugeht. Verfolgen wir den Lauf des Saturn weiter, so kommt er am 14. Juni auf 21°02' Widder und erreicht an diesem Tage das exakte Quadrat zum Uranus. Der 14. Juni ist der 55. Tag nach der Geburt. Also kann man darauf schließen, daß sich um das 55. Lebensjahr eine kritische Situation ergeben kann, die nicht unbedingt eine Krankheit sein muß, sondern die auch Schwierigkeiten im praktischen Leben entsprechen kann, womit unter Umständen aber eine Krankheit in Verbindung stehen kann.

Aus diesem Beispiel ersieht man, daß die progressiven Aspekte sich ganz langsam entwickeln, daß sie oft Jahrzehnte brauchen, bevor sie zur Auslösung gelangen. Man kann nicht damit rechnen, daß sich diese Konstellationen minutengenau auslösen, sondern in den meisten Fällen machen sie sich bereits Jahre zuvor bemerkbar.

Hierin liegt der Unterschied gegenüber den Sonnenbogendirektionen, die sich jeweils nur auf ein Jahr erstrecken, während die Wirkungsdauer der Progressionen ganz verschieden ist.

Ein charakteristisches Beispiel ist Nr. 70, Geburt am 3. 9. 1890. Es handelt sich um einen "chronischen Krankheitszustand des Verdauungsapparates". Im 90°-Kreis erkennen wir rechts eine Häufung von Neptun, Saturn, Pluto und nicht weit weg davon die Sonne. Saturn in 7° Jungfrau entspricht dem Mastdarm. Diese Entsprechungen darf man nicht zu engherzig auffassen, vielmehr sollte man zunächst nur daraus schließen, daß Saturn den Verdauungsbereich anspricht und daß Krankheitsmöglichkeiten gegeben sind, weil der Saturn ein Quadrat von Pluto und Neptun erhält und darin der Hinweis auf eine stärkere Belastung liegt.

Die Möglichkeit einer schweren Erkrankung ist nun vorhanden, wenn ein Planet die Sonne erreicht. Der Neptun geht nicht in die-

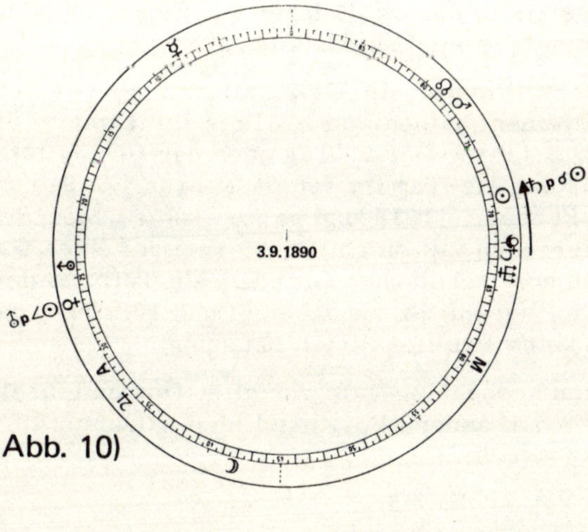

Abb. 21 (zu Abb. 10)

ser Richtung, weil er am 13. September 1890 bereits rückläufig wird. Saturn p erreicht dagegen die Sonne am 30. September, also nach 21 Tagen bzw. 21 Jahren. Der Pluto erreicht die Sonne nicht.

Uranus steht im Geburtsbild im Halbquadrat zur Sonne, im 90°-Kreis stehen sich Uranus und Sonne gegenüber. Nach der Ephemeride erreicht Uranus am 4. Oktober 26°05' Waage und damit den exakten 45°-Abstand nach 31 Tagen bzw. 31 Jahren. Da der Uranus im Geburtsbild in der Halbsumme von Sonne/Neptun, Saturn, Pluto steht, fällt er an sich in das Krankheitsbild hinein, wie bereits auf Seite 41 erläutert wurde.

Den besten Überblick gewinnt man in Verbindung mit dem "Lebensdiagramm", durch das es möglich ist, auf einen Blick 60 Lebensjahre zu erfassen. Aus dem Buch "Lebensdiagramme" lasse ich daher noch einige Beispiele folgen:

Abbildung 122 aus dem genannten Buch läßt am besten die Arbeitsweise erkennen. Die Positionen des Geburtsbildes werden auf der rechten Seite des Formulars D/1 im 45°-System angetragen und waagerechte Linien durch das Blatt gezogen. Die Skala auf der linken Seite erleichtert die Orientierung. Saturn in 7° Steinbock richtet sich nach der ersten Spalte, in der die Zeichen Widder, Krebs, Waage, Steinbock zusammengefaßt sind. Die Sonne in 8° Wassermann wird gemäß der zweiten Spalte von links eingesetzt, in der die Zeichen Stier, Löwe, Skorpion, Wassermann zusammengefaßt sind. Die Venus in 10° Fische wird nach der dritten Spalte von links eingesetzt, in der die Zeichen Zwillinge, Jungfrau, Schütze, Fische zusammengestellt sind. (Abb. 22)

Jeder Doppelmillimeter (im Original) entspricht senkrecht einem halben Tag = einem halben Jahr. 10 Doppelmillimeter ergeben dann 5 Tage bzw. 5 Jahre. Der 5. Tag nach der Geburt ist der 2. Februar = 1905, der 10. Tag ist der 7. Februar = 1910, der 15. Tag ist der 12. Februar = 1915 und so fort. Für jeden der genannten Tage markiert man mit einem Punkt den Lauf eines Gestirns. Man beachte, daß aus technischen Gründen ein Teil aus dem Formular herausgeschnitten wurde, zwischen 5. und 16. Grad, da sich in diesen Graden keine Positionslinien befanden.

Nun kann man beobachten, wie vor allen Dingen einzelne progressive Planeten auf andere Positionslinien zulaufen. Im Geburtsbild

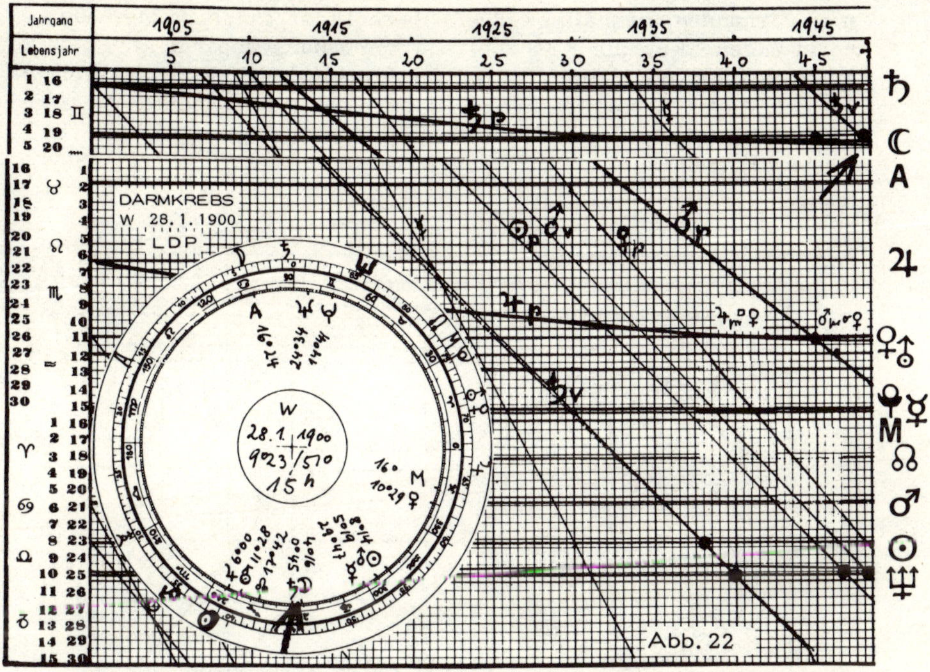

Abb. 22

selbst bilden Mond und Saturn eine Konjunktion mit fast 4° Abstand. Als nun Saturn p die Mondlinie nach 40 Tagen = 40 Jahren erreichte, hatte sich bei der Nativen ein Darmkrebs gebildet, der mit 48 Jahren, ausgelöst durch Saturn s, zum Tode führte.

Im Kosmogramm beachte man auch die Empfänglichkeit für Krankheiten durch Sonne und Mars im Anderthalbquadrat zu Neptun. Diese Konstellationen wurden auch um das 40. Lebensjahr ausgelöst durch Saturn s.

(Mit s bezeichnen wir die Positionen, die mit dem Sonnenbogen v = vorgeschoben wurden. Daher sind in den Zeichnungen mitunter die Buchstaben s oder v hinzugefügt.)

Jupiter p bewegt sich auf Venus und Uranus zu. Man übersehe nicht, daß auch der Jupiter als Krankheitsplanet angesehen werden kann.

Nun wird man bisher keine "Anatomischen Entsprechungen der Tierkreisgrade" festgestellt haben. Diese sind durchaus nicht immer vorhanden, weshalb es eben notwendig ist, mehrere Methoden anzuwenden. Für die Krankheit im Verdauungsapparat sind hier Mond (Magen) und Saturn (Verhärtung) maßgebend. Einen Hinweis auf den Magen bekommt man evtl. durch den Aszendenten in 16° Krebs, da sich die Gradentsprechungen für den Magen von 9 bis 15° Krebs ergeben.

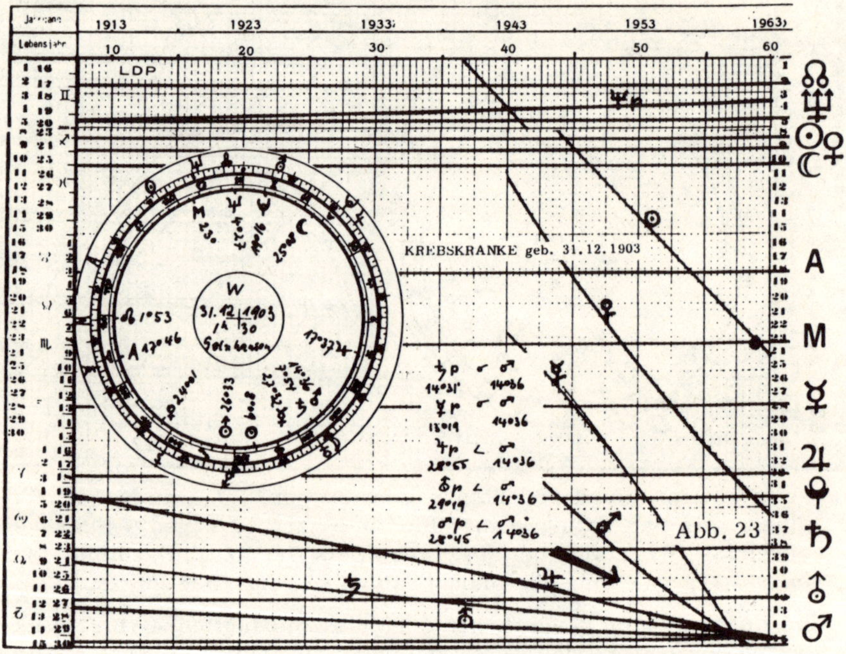

Abbildung 116 aus dem genannten Buch zeigt einen Fall von Brustkrebs. Die Frau wurde am 31. 12. 1903 geboren. Hier ist es die Positionslinie des Mars, auf die mehrere Planeten zusteuern und zwar Uranus, Saturn, Jupiter und als Auslöser auch noch Mars und Merkur. (Abb. 23)

Hier haben wir annähernde Grad-Entsprechungen. MC liegt in 23° Krebs, während die Brustdrüsen in 26° und 27° Krebs festgelegt wurden. Merkur bildet eine gradgenaue Opposition zu 27° Krebs.

Wenn sich die Planeten aber auf den Mars konzentrieren, so beachte man den 90°-Kreis, in dem sich Mars in der Mitte zwischen

Saturn und Venus, Mars befindet. Die Halbsumme Venus/Saturn deutet hier nach der "KdG" auf Hemmungen der inneren Sekretion, Drüsenverkümmerung usw. In Verbindung mit Mars könnte man kombinieren: Brust (Krebs)-Drüsenkrankheit (Venus/Saturn) und Entzündung (Mars). Die Frau war die Gartentreppe heruntergefallen, es bildeten sich dann kleine Knötchen an der Brust, es kam zu einer Entzündung und schließlich zu Krebs. Zur Zeit der Häufung der progressiven Bewegungen auf der Positionslinie des Mars trat 1961 der Tod ein. In der Mitte des Blattes sind die genauen Positionen der Aspekte aufgeführt, die eine überzeugende Übereinstimmung zeigen.

Abbildung 120 zeigt die Entwicklung zu einem Gebärmutterkrebs. Man beachte im Geburtsbild die Häufung im Zeichen Skorpion, das den Zeugungsorganen entspricht. Mars in 7° Skorpion deutet auf die Eileiter und Uranus in 12° auf die Samenbläschen. Merkwürdigerweise werden aber Mars und Uranus nicht von den progressi-

Abb. 24

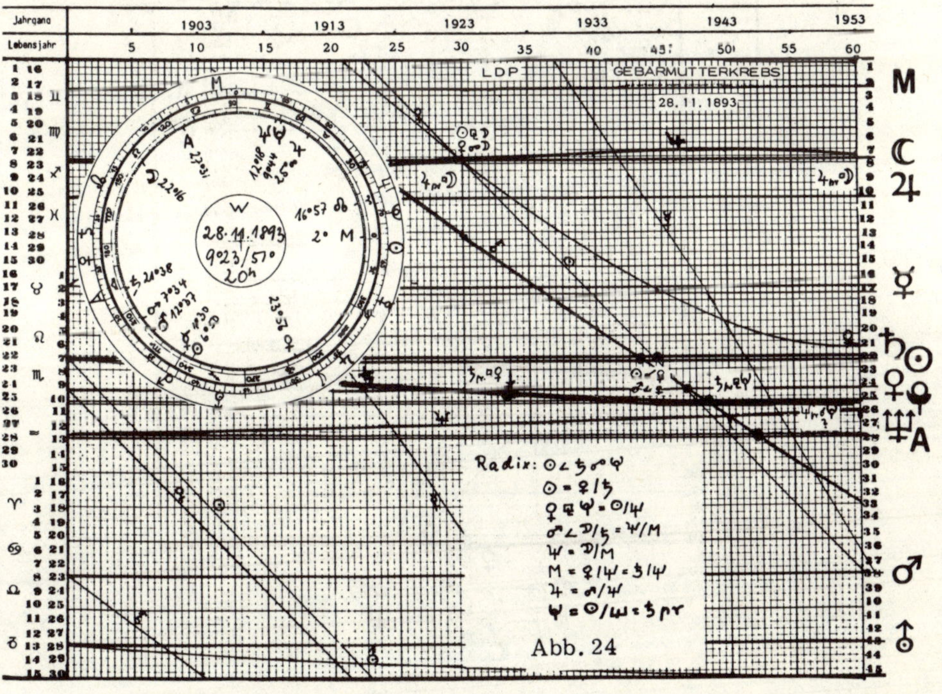

Abb. 24

ven Bewegungen getroffen, sondern diese konzentrieren sich auf die Komplexe Saturn, Venus und Sonne, Saturn, Venus, die sich im 90°-Kreis gegenüberliegen. Der Saturn p bewegt sich auf die Venus zu und führte wahrscheinlich bereits zu der Erkrankung um das 45. Lebensjahr, während die Krankheit selbst erst um 1950 erkannt wurde. (Abb. 24)

Die Abbildung 104 aus dem Buch "Lebensdiagramme" läßt sehr gut die Entwicklung eines Magengeschwürs erkennen. Bei dem am 7.

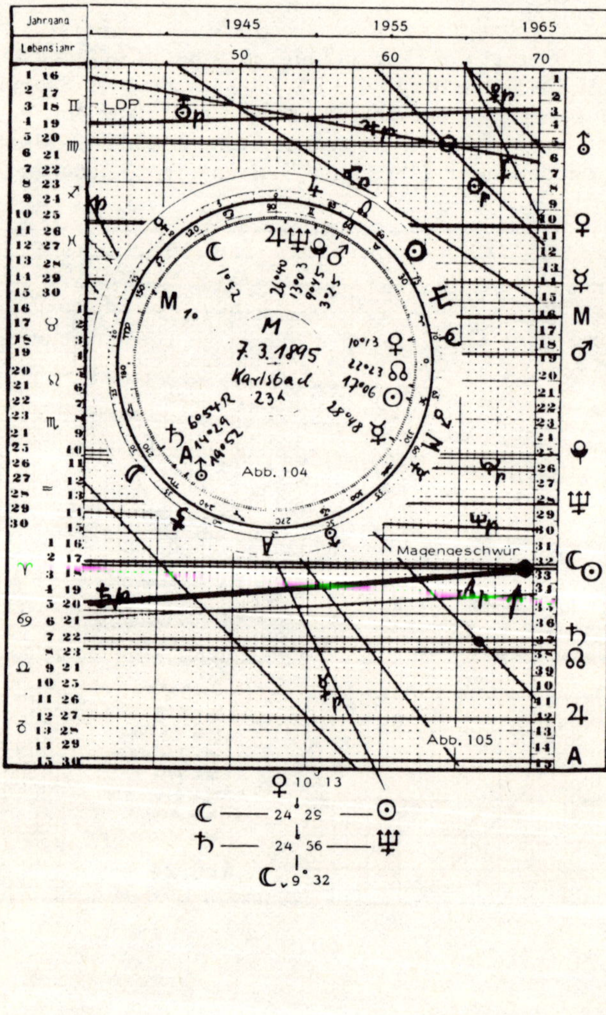

März 1895 Geborenen finden wir unter den "Anatomischen Entsprechungen der Tierkreisgrade" MC in 1° Jungfrau mit einer Beziehung zum Zwölffingerdarm. MC befindet sich in der Halbsumme Jupiter/Saturn, wodurch auf eine Störung im Leber-Galle-Bereich hingewiesen wird. Diese Punkte werden aber nicht im Lebensdiagramm stark angesprochen, sondern hier ist das Quadrat von Mond und Saturn maßgebend. Der Saturn ist scheinbar rückläufig und bewegt sich dementsprechend auf das Quadrat zu, das mit etwa 70 Jahren erreicht wird. Da der Mond Beziehungen zum Magen aufweist, so sind an dieser Stelle Störungen zu erwarten, wenn der Saturn das exakte Quadrat bildet, und zwar nicht erst dann, sondern bereits vorher. Denn solche Konstellationen wirken meist längere Zeit vor ihrer Exaktheit. Es ist nun wesentlich, daß der Mann nach erfolgter Operation alle Anweisungen des Arztes peinlich genau befolgt hat und dadurch wieder gesund geworden ist, trotz des vorgeschrittenen Alters. (Abb. 25)

Wenn wir das Kosmogramm des beliebten Filmschauspielers GARY COOPER betrachten, so erkennen wir zwei Verbindungen von langsam laufenden Planeten: Jupiter mit Saturn und Uranus mit Pluto.

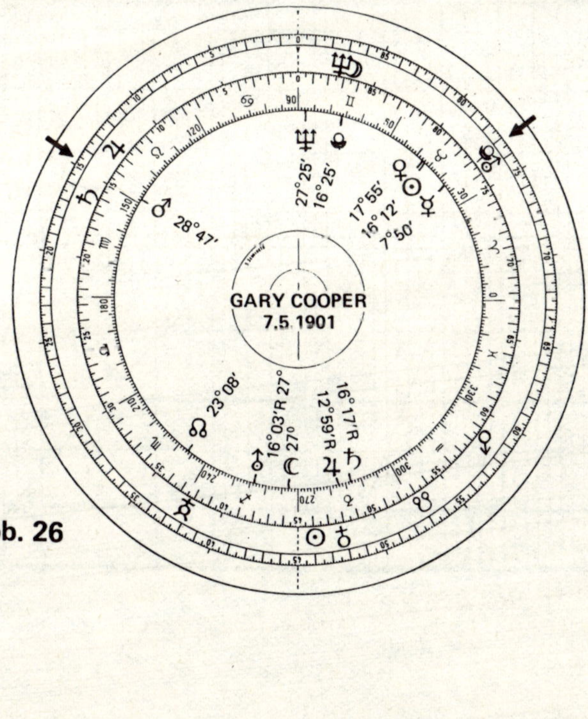

Abb. 26

Unter ihnen kann Uranus als rückläufiger Planet nicht in die exakte Opposition zu Pluto kommen, und Pluto kann nicht auf Uranus zu-

LEBENSDIAGRAMM für GARY COOPER

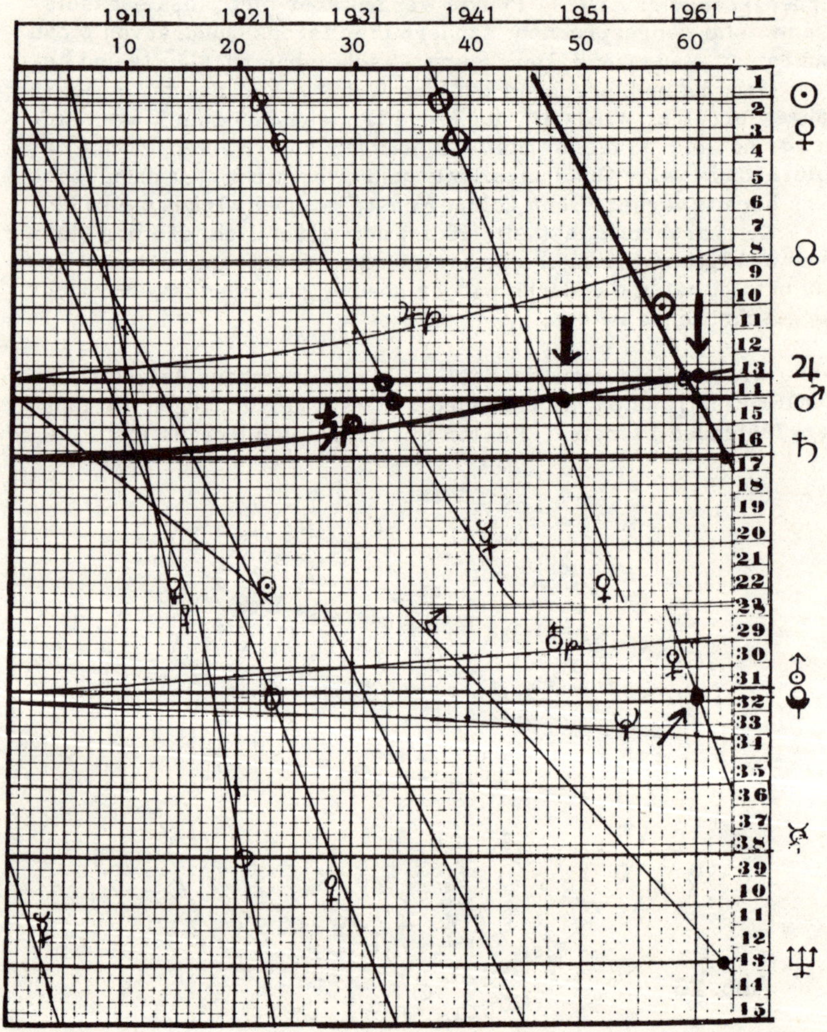

rückkommen. Anders ist es bei Jupiter und Saturn. Hier liegt die Möglichkeit vor, daß der rückläufige Saturn in Konjunktion mit Jupiter kommt. Das Lebensdiagramm zeigt das sehr deutlich. Erst 1960 wurde bekannt, daß COOPER an einem schweren Krebsleiden erkrankt war. Das Lebensdiagramm zeigt an, daß die Krankheit schon um 1950 bestanden haben dürfte, als Saturn p den Mars überschritt. Als Saturn p dann den Jupiter erreichte und gleichzeitig die Sonne hinzutrat, erlag der Körper bereits der Krankheit. Die Möglichkeit eines langwierigen Leidens läßt sich hier erkennen, obwohl uns die Geburtszeit nicht bekannt ist. Das Kosmogramm ist nur auf den Mittagsständen der Ephemeride aufgebaut. Es muß aber ausdrücklich betont werden, daß eine solche Krankheit bei einer solchen Konstellation durchaus nicht auftreten muß, wenn man rechtzeitig Vorbeugungsmaßnahmen ergreift. Der Verfasser hat die gleiche Konstellation überwunden, aber sich bereits vor Jahrzehnten auf vegetarische Ernährung umgestellt und stets auf die Gesundheit geachtet. Wir haben es auch an dem vorhergehenden Beispiel gesehen, daß eine Krankheit überwunden wurde, wenn der Patient alle Anordnungen des Arztes peinlich befolgt.

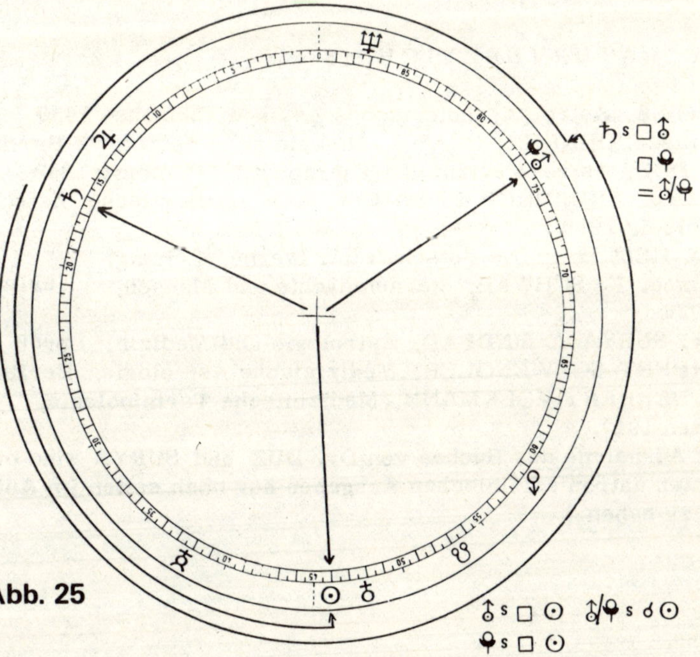

Abb. 25

In den meisten Fällen geht Krebs auf schwere seelische Belastungen zurück. Aus diesem Grunde sollte auch immer die Geburtsstunde bekannt sein, um das MC in die Beurteilung einbeziehen zu können. Aber nicht bei allen Erkrankungen muß das MC in den Krankheitskonstellationen enthalten sein. Die richtige Beurteilung einer Krankheit ist nur möglich, wenn man verschiedene Methoden gleichzeitig anwendet, also die erprobten Progressionen und Sonnenbogendirektionen und schließlich auch die Transite.

Im Falle COOPER ist übrigens interessant, daß auch die andere sofort erkannte Konstellation beim Ableben eine Rolle spielte. Wenn man Uranus und Pluto um 60°, dem Lebensalter von 60 Jahren entsprechend, vorschiebt, so kommen Pluto und Uranus in das Quadrat zur Sonne, bzw. dann steht die Radixsonne in der vorgeschobenen Halbsumme Uranus/Pluto, und das bedeutet nach der "KdG" einen körperlichen Zusammenbruch. Verschieben wir außerdem den Saturn um 60°, so kommt er in das Quadrat zu Uranus und Pluto bzw. in deren Halbsumme. Es lohnt sich daher, die beiden Bücher "Direktionen" und "Lebensdiagramme" des Verfassers zu studieren.

LITERATURVERZEICHNIS

CARTER, Astro-psychologisches Lexikon, München 1930

Dr. med. HEINRICH DÄATH, Medizinische Astrologie, Berlin 1926

Dr. DUZ, Astro-Medizin und Therapeutik, Hamburg 1950

Dr. med. FRIEDRICH FEERHOW, Die medizinische Astrologie, Leipzig 1919

MAX HEINDEL, Die Botschaft der Sterne, Leipzig.

Dr. med. F. SCHWAB, Sternenmächte und Mensch, Zeulenroda 1933

G.W. SURYA u. SINDBAD, Astrologie und Medizin, Lorch 1933

HERBERT SCHWENGLER, Medizinische Astrologie, Berlin 1938

Dr. HERBERT VOLKMANN, Medizinische Terminologie, München 1947.

(Mit Ausnahme des Buches von Dr. DUZ und SURYA sind die genannten astromedizinischen Ausgaben nur noch selten im Antiquariat zu haben.)

ALPHABETISCHES REGISTER DER ENTSPRECHUNGEN

Abzesse 3°♈-♎, 16° ♉-♏, 25° ♌-♒
Achillesferse 23°, 24° ♓
After 27° ♏
Alkoholismus 9°♉, ♌-♏-♒ 11° ♋ 25° ♉-♌-♒
Angstzustände 6° ♊-♐
Anzieher d. Schenkel ♐
Aorta 2° ♌
Armmuskeln 21° ♊
Armspeichen 25° ♊
Arterie r 3° ♌
Arterie carotis 4° u. 5° ♌
Arterienbogen 20° u. 21° ♋
Asthma 18°♊-♐, 4° ♍-♓
Augapfel 10° ♈
Auge 5° ♈
Augenhöhlen 6° ♈
Augenlinsen 9° ♈
Augenmuskeln 21° ♈

Backenmuskeln 22° ♈
Bänder i. Bauch 22° ♏
Bänder am Knie 18° u. 19° ♑
Bartholin-Drüse 20° ♏
Bauchaorta 12° ♍
Bauchhhöhle 8° ♍
Bauchmuskeln 17° ♍
Bauchspeicheldrüse 16-18° ♋
Bauchspeicheldrüsenknopf 19° ♋
Bauchvenen 26° ♍
Beckenknochen 1° ♐
Blinddarm 3° ♊-♍-♐-♓ 18°♉-♏, 22°♊-♌-♒-♓
Blutgefäße i.d. Rindensubstanz 24-25° ♎
Blutgefäße d. Verdauungsorgane 24-25° ♋
Blutarmut 8° ♌-♒
Bronchien 8° ♊ 29°♈-♋ ♒-♑
Brustdrüsen 26° ♋
Brustkorbkanal 7° ♋
Brustwarzen 27° ♋
Brustwirbel, 12., 7° ♋

Cavum ut 6° ♏
Cowper Drüsen 15° ♏

Damm 26° ♏
Dickdarm 4-6° ♍
Dreiecksmuskel 28-29° ♉
Drosselvenen am Hals 8° ♉
Drüsen 25° ♉-♏
Dünndarm 2° ♍

Eichel 13° ♏
Eileiter 7° und 8° ♏
Ellbogenröhren 24° ♊

Fersenbein 1° und 2° ♓
Fingerglieder 27° ♊
Fleischbalken/Herz 29° ♌
Fransen am Ende des Eileiters 23° ♏
Fußarterien 12° und 13° ♓
Fußendglieder 27° ♓
Fußnägel 29° ♓
Fußnerven 3° und 4° ♓, 26° ♓

Galle 19° ♋, 10°, 11° ♍
Gallenblase 22° ♍
Gallenblasenarterie 14° ♍
Gallenblasengang 21° ♍
Gallengang 20° ♍
Gaumen 1° ♉
Gebärmutter 4-6° ♏
Gefäßsystem d. Haut 26-27° ♎
Gehirnbalken 19° ♈
Gehirnkammern 13° ♈

Gehörgang 29° ♈
Gehörsinn 8° ♌
Gelbsucht 7° ♈ – ♎
Gesäßmuskel 27° ♐
Gesichtssinn 8° ♊ – ♐ , 29° ♉ – ♏ ,
3° ♋ – ♑ , 6° ♌ – ♒
Gicht 25° ♊ – ♍ ♐ – ♓
Glied, männl. 11° ♏
Gewebe der Glieder 20° ♏
Gewölbe 27°, 28° ♈
Glans 13° ♏
Großhirn 1° ♈

Haare 12° ♈ , 28° ♈ – ♋
♒ – ♑ , 18° ♉ – ♏ , 5° ♐
Hallers Netz 19° ♏
Halsmuskel 28-29° ♉
Halsnerven 7° ♉
Halsnerven in Verbindung mit dem Rückenmark 10-13° ♉
Halsschlagader 16° ♉
Halsvenen 9° ♉
Halswirbel, 1., 27° ♉
Handwurzelknochen 26° ♊
Harnblase 28° ♎
Harnleiter 29-30° ♎
Harnröhre 1° ♏
Harnröhrenmündung 1° ♏
Hautnerven der Knie 5° ♑
Hautnerven der Oberschenkel 3° ♑
Hautnerven der Unterschenkel 4° ♑
Hautvenen der Füße 14°, 15° ♓
Hautvenen der Oberschenkel 14° ♐
Hautgefäßsystem 26-27° ♎
Herz 7° ♊ – ♐
Herzbeutel 25° ♌
Herzhöhle 18° ♌
Herzkammer 13°, 14° ♌

Herzklappe 20° ♌
Herzklappen-Sehnen 27-28° ♌
Herzmuskel 26° ♌
Herzohr l 22-23° ♌
Herzohr r 17° ♌
Herzscheidewand 19° ♌
Hinterhauptbein 20° ♉
Hoden 4-5° ♏
Hodengang 18° ♏
Hodenlappen 17° ♏
Hodensack 8° ♏
Hohlvene 8°, 9° ♌
Hüftbein 2° ♐
Hüftvenen 27° ♍ , 15°16° ♐
Hymen 18° ♏

Jochbeinmuskel 24° ♈
Ischiasnerv 17° ♐
Kappenmuskel 30° ♉
Kapselgelenk 24-25° ♓
Kaumuskeln 23° ♈
Kehldeckel 15° ♉
Kehle 0° ♉
Kehlkopf 5° ♉
Kehlkopfmuskel 19° ♊
Keilbeinhöhle 21° ♏
Kiefernarterie 19° ♉
Kleinhirn 3° ♈
Kniearterien 28-29° ♑
Kniegelenke 12-13° ♑
Kniekehlengrube 24° ♐
Kniekreuzbänder 10-11° ♑
Kniescheiben 1-2° ♑
Knievenen 9° ♑
Knorpel am Knie 14-15° ♑
Knorren am Knie 16-17° ♑
Knorren am Oberschenkel 25-26° ♐
Kopfnicker 25° ♈
Kranzarterie 1° ♌
Kranzvene 7° ♌

Krebs 25° ♍ - ♓
Kreuzbänder der Füße 16-17° ♓
Kreuzbänder der Unterschenkel 12-13° ♒
Kropf 4° ♈ - ♎, 20° ♉, 27° ♌ - ♒

Leber 25° ♍
Leberarterien 13° ♍
Leberfurche 16° und 19° ♍
Lebergang 30° ♍
Leber, Knorpel und Sehnen 23-24° ♍
Leberkranzband 11° ♍
Leberlappen 9° und 10° ♍
Leberlappen viereckiger 29° ♍
Lebervenen 28° ♍
Leistendrüsen 14-15° ♎
Luftröhre 1° ♊
Lungenarterie 9° ♊
Lungenarterie Eingang 6° ♌
Lungenbasis 10° ♊
Lungenentzündung 6° ♊
Lungenlappen 3-6° ♊
Lungenspitzen 7° ♊
Lungenvenen 13° ♊
Lymphgefäße an den Füßen 11° ♓
Lymphgefäße am Hals 18° ♉
Lymphgefäße an den Knien 8° ♑
Lymphgefäße am Oberschenkel 9-10° ♐
Lymphgefäße am Unterschenkel 15-16° ♒

Magenblutgefäße 23° ♋
Magengrund 10° ♋
Magenkrümmung 12-13° ♋
Magennerven 15° ♋
Magenpförtner 9° ♋
Magenschleimhäute 22° ♋
Magenvenen 11° ♋
Magenwände 14° ♋

Mandel 17° ♉, 25° ♉ - ♏
Mastdarm 7° ♍
Membran der Luftröhre 12° ♊
Milz 29° ♋
Mittelfußknochen 9°, 10° ♓
Mittelhandknochen 28° ♊
Mittelhirn 2° ♈
Muskel, birnf. 30° ♐
Muskel, sägef. 18° ♍
Muskelenden vom Ober- zum Unterschenkel 22-24° ♑
Mutterbänder 19° ♏

Nasenbein 26° ♉, 23° ♏
Nasenhöhlenarterie 21° ♉
Nasenmuskeln 30° ♏
Nasenscheidewand 24° ♏
Nebenhoden 6-7° ♏
Nebennieren 3° ♎
Nebennierenarterien 17° ♎
Nebennierenvenen 23° ♎
Nervensystem der Nieren 7-11° ♎
Nervensystem des Rückenmarks 17-21° ♒
Nerven, tieflieg. 27° ♑
Nervenverbindungen 18° ♈
Neurasthenie 10° ♉ - ♏, 25° ♊ - ♐ 26° ♒
Nierenarterien 16° ♎
Nierenbecken 1° ♎
Nieren, Fettkapseln 18° ♎
Nierenkelch 19° und 20° ♎
Nierenkrankheiten 17° ♊ - ♎ ♒, 27° ♍ - ♓
Nieren-Nervensystem 7-11° ♎
Nierenoberflächen 4° ♎
Nierenpforte 21° ♎
Nierenpyramiden 5° ♎
Nierensystem 11-13° ♎
Nierenvenen 22° ♎

Oberarme 22° ♊
Oberarme, Rollen der 23° ♊
Oberkiefer 24° ♉
Oberschenkel 4° ♐
Oberschenkelarterien 5-8° ♐
Oberschenkel, Hautnerven 3° ♑
Oberschenkel, Hautvenen 14° ♐
Oberschenkelkopf 20-21° ♐
Oberschenkelkreiser 18-19° ♐
Ohren 7° ♈
Ohrspeicheldrüse 30° ♈
Ovarium 16-17° ♏

Papillarmuskel 24° ♌
Paralyse 8° ♋-♑
Penes 11° ♏
Perineum 26° ♏
Pflugscharbein 29° ♏
Präputium 14° ♏
Prostata 3° ♏

Rachenkehlkopfraum 4° ♉
Rachenmündung 2° ♉
Rheumatismus 13° ♈, 23° ♉
♌-♏-♒
Rindensubstanz der Niere 2° ♎
Rindensubstanz, Blutgefäße
24-25° ♎
Rippen 18° ♊, 5° ♋
Rippenfell 16° ♊
Rippenknorpel 28° ♋
Rollhügel a. Obersch. 22-23° ♐
Rosenvene 13° ♐
Rücken 30° ♌
Rückenmark, Nervensystem
17-21° ♒
Rückenmarkskanal 17° ♈
Rückgrat 23° ♊-♍-♐-♓, 19° ♌-♒

Samenbläschen 12° ♏
Samenleiter 9° ♏
Sehnen am Bauch 21° ♏
Sehnen am Bein 20-21° ♑
Sehnerv 11° ♈
Siebbein 22° ♏
Sitzbein 3° ♐
Speiseröhre 2° ♊
Speiseröhreneingang 8° ♋
Sprungbein 7-8° ♓
Schädelknochen 26° ♈
Schambein 6° ♎
Schamlippe 11° und 13° ♏
Scheide 9° ♏
Selbstmord 15° ♈-♋-♎-♑,
25° ♉-♏, 26° ♊-♍-♓
Schenkelanzieher 6-7° ♑
Schenkelmuskel 28-29° ♐
Schenkelvene 12° ♐
Schienbein 28-29° ♒
Schienbeinmuskel 25° ♒
Schienbeinnerven 1-2° ♒
Schilddrüse 17° ♉
Schlaganfälle 15° ♈-♎
Schleimhäute 28° ♏
Schlüsselbeine 14° ♊
Schlüsselbeinvene 11° ♌
Schneckenkopf 16° ♏
Schulterblätter 15° ♊
Schwellkörper 10° ♏
Steißbein 25° ♏
Stimmbänder 6° ♉, 14° ♉
Stirnlappen 14° ♈
Stirnseitenlappen 15° ♈

Thymusdrüse 11° ♊

Unterkiefer 25° ♉
Unterschenkelarterien 13-14° ♒
Unterschenkelhaut 8-10° ♒
Unterschenkel, Hautnerven 4° ♑
Unterschenkelvene 7-8° ♒
Uterus r ♏

Vagina 9° ♏
Varolsbrücke 16° ♈
Verbindungen zwischen den
Schenkeln 25-26° ♑
Vorhaut 14° ♏
Vorhof 15-16° ♌

Wadenbeine 3-4°, 26°-27° ♒
Wadenbeinmuskel 22-23° ♒
20-21° ♓ ?
Wadenbeinnerv 5-6° ♒
Wahnsinn 22° ♐ – ♓
Warzenhügel 15° ♍
Wirbelsäule 12° ♌
Würfelbein 5-6° ♓

Zähne 23° ♉
Zäpfchen 3° ♉
Zehenstrecker 18-19° ♓
Zirbeldrüse 4° ♈
Zunge 12° ♈
Zungenbein 20° ♈
Zungenmuskel 22° ♉
Zwerchfell 6° ♋
Zwölffingerdarm 1° ♍